和谐校园文化建设读本

道家四杰箴言录

DAOJIASIJIEZHENYANLU

蔡 颖/编写

吉林出版集团股份有限公司
吉林教育出版社

图书在版编目(CIP)数据

道家四杰箴言录／蔡颖编写. — 长春 ：吉林教育出版社，2012.6（2022.10重印）
（和谐校园文化建设读本）
ISBN 978－7－5383－8763－6

Ⅰ. ①道… Ⅱ. ①蔡… Ⅲ. ①道家—箴言—青年读物②道家—箴言—少年读物 Ⅳ. ①B223－49

中国版本图书馆 CIP 数据核字(2012)第 115983 号

道家四杰箴言录
DAOJIA SI JIE ZHENYAN LU
蔡 颖 编写

策划编辑 刘 军 潘宏竹
责任编辑 庞 博 **装帧设计** 王洪义

出版 吉林出版集团股份有限公司（长春市福祉大路5788号 邮编 130118）
吉林教育出版社(长春市同志街 1991 号 邮编 130021)
发行 吉林教育出版社
印刷 北京一鑫印务有限责任公司

开本 710 毫米×1000 毫米 1/16 **印张** 12 **字数** 152千字
版次 2012 年 8 月第 1 版 **印次** 2022 年 10 月第 2 次印刷
书号 ISBN 978－7－5383－8763－6
定价 39. 80 元

编　委　会

总序

千秋基业，教育为本；源浚流畅，本固枝荣。

什么是校园文化？所谓“文化”是人类所创造的精神财富的总和，如文学、艺术、教育、科学等。而“校园文化”是人类所创造的一切精神财富在校园中的集中体现。“和谐校园文化建设”，贵在和谐，重在建设。

建设和谐的校园文化，就是要改变僵化死板的教学模式，要引导学生走出教室，走进自然，了解社会，感悟人生，逐步读懂人生、自然、社会这三本大书。

深化教育改革，加快教育发展，构建和谐校园文化，“路漫漫其修远兮”，奋斗正未有穷期。和谐校园文化建设的研究课题重大，意义重要，内涵丰富，是教育工作的一个永恒主题。和谐校园文化建设的实施方向正确，重点突出，是教育思想的根本转变和教育运行机制的全面更新。

我们出版的这套《和谐校园文化建设读本》，既有理论上的阐释，又有实践中的总结；既有学科领域的有益探索，又有教学管理方面的经验提炼；既有声情并茂的童年感悟；又有惟妙惟肖的机智幽默；既有古代哲人的至理名言，又有现代大师的谆谆教诲；既有自然科学各个领域的有趣知识；又有社会科学各个方面的启迪与感悟。笔触所及，涵盖了家庭教育、学校教育和社会教育的各个侧面以及教育教学工作的各个环节，全书立意深邃，观念新异，内容翔实，切合实际。

我们深信：广大中小学师生经过不平凡的奋斗历程，必将沐浴着时代的春风，吸吮着改革的甘露，认真地总结过去，正确地审视现在，科学地规划未来，以崭新的姿态向和谐校园文化建设的更高目标迈进。

让和谐校园文化之花灿然怒放！

本书编委会

目 录

第一章　道家宏旨

宇宙万物

道可道，非常道；名可名，非常名。无名，天地之始；有名，万物之母[①]。故常[②]无，欲以观其妙；常有，欲以观其暾[③]。此两者，同出而异名，同谓之“玄”[④]。玄之又玄，众妙之门。

——《老子·一章》

【注释】①母：开始。②常：读“shàng”。③暾（jiào）：呼喊，引申为情状、变化。④玄：《老子》思想中一个重要的概念，有深远、看不透的意思。

【译文】“道”，如果能够完全解说得确切明白，那它就不会是贯通古今的永恒之道。“名”，如果能够准确地表明事物的形态和本质，那它就不会是经常行用的永恒之名。天地万物在其“孕含育养”之始，则无形可见亦无名可称；而当其孕育成长而产生于世后，则有形可见而有名可称。只有那些无私无欲之人才能察知明了它的精微玄妙，而那些有欲有为之人则只能看到它所显现出的情状。万物的“孕含育养”与万物的产生成长虽然同出于“道”，而其名称则并不相同，它们同样都是极其玄妙、极其神奇的。那玄远幽隐、精微神妙的大“道”，乃是世间万物所共同产生的神奇之门。

道冲①，而用之或不盈。渊兮，似万物之宗。挫其锐，解其纷，和其光，同其尘。湛②兮，似或存。吾不知谁之子，象帝③之先。

——《老子·四章》

【注释】①冲：即“盅”的古字，指器物空虚。②湛：没。此处指道的隐没无形。③帝：上帝，天帝。

【译文】“道”虽然看似空虚无形，玄妙幽隐，但它的作用则是永无穷尽的。它是那样深邃广大啊，就好像是世间万物的本原。它摧折自己的锋芒而无欲无争，消解自己的强盛而柔弱处下，融和自己的光芒而从不炫耀，混同于尘屑中而幽微难明。它隐没无形好似根本不存在，却又无处不在无时不有。我不知道它是何时何物产生的，大概是在天帝之前就已经出现了。

谷神不死①，是谓玄牝②。玄牝之门，是谓天地根。绵绵若存，用之不勤③。

——《老子·六章》

【注释】①不死：不穷竭。比喻变化无穷。②牝：母体。③勤：尽。

【译文】“道”就像那幽深的溪谷一样神妙莫测而变化无穷，它就是一个玄妙的母体。这玄妙的母体即生育万物的门户，也就是那天地万物所产生的本根。它绵绵不绝而似存于世，化育万物且永无穷尽。

视之不见，名曰夷①；听之不闻，名曰希②；搏③之不得，名曰微。此三者，不可致诘，故混而为一④。其上不皦⑤，其下不昧，绳绳⑥兮不可名，复归于无物。是谓无状之状，无物之象，是谓惚恍。迎之不见其首，随之不见其后。执古之道，以御今之有。能知古始，是谓道纪。

——《老子·十四章》

【注释】①夷：形容无色。②希：形容无声。③搏：拍打。④一：这里指“道”。⑤皦（jiǎo）：明亮。⑥绳绳：昏昧不明的样子。

【译文】“道”这种东西，用眼察看不见其形状，可称之为“夷”；用耳倾听不闻其声音，可称之为“希”；用手拍打也触及不到它的质体，可称之为“微”。从这三方面来看，它实在是过于玄妙，过于幽微，过于细小了，以至于根本不可能推究到底而弄个明白，所以就只好笼统地把它看作“一”，也就是“道”。这个“道”，虽其在上也并不显得明亮，虽其在下也并不显得昏暗。幽幽隐隐，渺渺茫茫，似有似无而不可称名，延伸至其极端而又返回到隐微无物的状态。这就是没有形状的形态，不见其物的物象，这就叫作“恍惚”。迎面而对看不见它的头，紧随其后也看不见它的尾，它就是那样的无始无终，无穷无极。持守这个“道”，就能治理好万事万物，就能统御好家国天下。同时又据其“有”而察其“无”，得以知晓远古时其初始的情况，这样就明了了“道”的整个体系。

致虚极，守静笃①。万物并作，吾以观复。夫物芸芸②，各复归其根。归根曰静，是曰复命。复命曰常，知常曰明。不知常，妄；妄作，凶。知常容，容乃公，公乃王，王乃天，天乃道，道乃久，没身不殆。

——《老子·十六章》

【注释】①笃：彻底。②芸芸：草木繁盛纷杂。

【译文】君王实行虚静无为之道，“致虚守静”必须达到极致的境界。天下万物蓬勃生长，我则观察它们的最后归宿。万物虽芸芸而生，纷然杂陈，而最终全都各自返归其根。返归其根即处虚守静，这就是复归其本性。复归其性，是符合自然规律的；而了解认识了自然规律，则是非常明智的。反之，如果不了解自然规律，就会妄想妄动；盲目行事，妄想妄动则必定招致凶险祸灾。总之，君王认识了客观规律，就能冲虚包容；包容万物，就能做到公正无私；大公无私，就能为天下人所拥戴而成为其王；为天下人所拥戴，就能符合于上天而顺乎自然；顺乎自然而无为不言，就能符合于大道；而君王能遵守大道，就能长治久安，终其一生都毫无危殆。

孔①德之容，惟道是从。道之为物，惟恍惟惚。惚兮恍兮，其中有象；恍兮惚兮，其中有物。窈②兮冥兮，其中有精；其精甚真，其中有信。自古及今，其名不去，以阅众甫。吾何以知众甫之状哉？以此。

——《老子·二十一章》

【注释】①孔：大。②窈：通“幽”，深远的意思。

【译文】身有大德而为天下所拥戴的君王，其行政施教只是依从于大道而已。“道”这个东西的形象特征，实在是恍惚不明而难以言状。然而，在其惚恍之中却有可以感觉到的物象出现，其仿佛之间则有确确实实的具体物状存在。深远幽冥之中，又处处体现出“道”的功用；并且它的功用都非常真切，确实可信而毫无虚妄。从古至今，“道”一直都确定无疑地存在着，并且经历了世间万物自始至终的发展变化。天地万物莫不由之而始，也莫不由之而成。我何以认识和了解天地万物生长变化的情况呢？就是根据这个“道”。

有物混成，先天地生。寂兮寥兮！独立而不改，周行而不殆，可以为天下母。吾不知其名，强字之曰“道”，强为之名曰“大”。大曰逝，逝曰远，远曰反。故道大，天大，地大，人亦大。域中[①]有四大，而人居其一焉。人法[②]地，地法天，天法道，道法自然。

——《老子·二十五章》

【注释】①域中：指宇宙、世界。②法：这里做动词，有效法、依据的意思。

【译文】在天地未形成之前，有一个混混沌沌的“物”就已先存在了。它是那样空虚寥廓啊，又是那样的寂寞宁静！它独立于世而无物可比，从古至今没有丝毫的改变；它时时事事都在发挥着作用，遍行于万事万物而毫不倦殆。它真可以说是天地万物的本原。我不知道应该如何称呼它，勉强给它起了个字叫作“道”，勉强为它起了个名叫作“大”。由于其大，所以就不断地发展延伸而行逝向前；由于其不断地行逝向前，所以就渐渐达于旷远；而当其达于旷远到极致时，则又返还其本原。故此说，道大，天大，地大，君王也大。天下有四种物体可称之为大，君王仅为其中之一。人们以大地为法则而生活劳作，繁衍生息；大地以上天为法则而寒暑交替，化育万物；上天以大“道”为法则而运行变化，排列时序；大“道”则以自然之性为法则，无为自化，自然而然。

道生一，一生二[①]，二生三[②]，三生万物。万物负阴而抱[③]阳，冲气以为和。

——《老子·四十二章》

【注释】①二：指阴、阳两气。②三：阴阳两气相交汇而形成一种和谐状态。③抱：放在胸前。

【译文】世界万物本原为“道”，而“道”之体则外现为“一”。“道”是变化不息的，其变化中又生成了“二”，即阴阳对立的状态。这阴阳二气交汇融合，从而形成一种新的匀适和谐的状态，这种状态可称之为“三”；这“三”则外现为世界万物。万物都是依靠着大地而朝向着太阳，这阴阳之气冲涌摇荡则实现了交汇融合而生生不息。

道者，万物之所由[注]也。庶物失之者死，得之者生。为事逆之则败，顺之则成。故道之所在，圣人尊之。

——《庄子·渔父》

【注释】所由：得以产生的根源。

【译文】“道”是万物产生的根源。万物失去“道”就要死掉，得到“道”就会生存。做事不顺着“道”就会失败，顺着“道”就会成功。所以，“道”所在的地方，就是圣人尊重的地方。

吾在天地之间，犹小石、小木之在大山[①]也。方存乎见少，又奚以自多！计四海之在天地之间也，不似礨[②]空之在大泽乎？计中国之在海内，不似稊[③]米之在大仓乎？号物之数谓之万，人处一焉；人卒[④]九州，谷食之所生，舟车之所通，人处一焉，此其比万物也，不似毫末之在于马体乎？五帝⑤之所连，三王之所争，仁人之所忧，任士之所劳，尽此矣！

——《庄子·秋水》

【注释】①大山：即泰山。②礨（lěi）空：石块的小孔穴。③稊（tí）：一种形似稗的草，果实像小米，故称稊米。④卒：通“萃”，聚集。⑤五帝：指黄帝、颛顼（zhuān xū）、帝喾（kù）、唐尧、虞舜。

【译文】我在天地之间，就好像一块小石头和一棵小树苗存在生长于泰山之中，常常感受着自己的渺小，又哪里会来得及自以为多呢？估计四海在天地之间，不就像石头的孔穴存在于湖泊大泽中一样吗？算一下中国在四海之内，不就像一粒稗米在大粮仓中一样吗？人们以“万”来称谓物类的数量，人类只不过是居于这千千万万中的一类罢了；人类住满了九州之地，凡谷物可以生长、舟车可以通行的地方，皆有人类居住，每个人也只是众人中的一员；一个人和天地万物相比，不就像一根绒毛末梢在马身上一样微小吗？人类自谓五帝以禅让相传承，三王以武力相争夺，仁德之人所担忧的事情，贤能之士所操劳的国家，全部加起来也就是这么一点事情罢了！

夫道，有情有信①，无为无形；可传而不可受，可得而不可见；自本自根，未有天地，自古以固存；神鬼神帝，生天生地；在太极②之先而不为高，在六极③之下而不为深，先天地生而不为久，长于上古而不为老。

——《庄子·大宗师》

【注释】①情、信：真实可信。②太极：指天地未分之前的清虚混沌之气。③六极：指天、地与四方。

【译文】“道”是真实可信的，又是无意作为、不具形态的；“道”可以心传而不可以口授，可以心得而不可以目见；“道”是自以为本根的，没有天地之时，自古迄今它就已经存在；它使鬼神、天帝神妙，它产生了天地；它在太极之上却不显得高，在六极之下不显得深，先于天地存在不显得久，长于上古不显得老。

子列子曰：“昔者圣人因阴阳以统天地。夫有形者生于无形，则天地安从生？故曰：有太易[①]，有太初[②]，有太始[③]，有太素[④]。太易者，未见气也；太初者，气之始也；太始者，形之始也；太素者，质之始也。气形质具而未相离，故曰浑沦[⑤]。浑沦者，言万物相浑沦而未相离也。视之不见，听之不闻，循[⑥]之不得，故曰易也。易无形埒[⑦]，易变而为一，一变而为七，七变而为九。九变者，究也；乃复变而为一。一者，形变之始也。清轻者上为天，浊重者下为地，冲[⑧]和气者为人；故天地含精，万物化生。”

——《列子·天瑞》

【注释】①太易：指宇宙万物的最终本原。②太初：指天地形成之前元气产生的时期。③太始：指天地形成以前元气有了一定形态的时期。④太素：指元气不仅有了形态，而且有了固定的性质的时期。⑤浑沦：又作“浑沌”“混沌”，指天地开辟前浑然一体的状态。⑥循：抚摩。⑦埒(liè)：界限。⑧冲：通“中”。

【译文】列子说：“从前，圣人用阴阳两气来统摄天地万物。有形之物生于无形之中，那么天地是从哪里产生的呢？所以说：有太易，有太初，有太始，有太素。太易的阶段，还看不到元气从混沌状态中分离出来；太初的阶段，元气开始产生；太始的阶段，元气开始有了形状；太素的阶段，元气不仅有了形态，而且有了固定的性质。这时候，元气、形状、性质都已具备，但相互之间尚未分离，所以把它叫作浑沦。所谓浑沦，就是表明万物浑然一体，不可剖析。它看不见，听不到，摸不着，所以叫作易。易不具形状，没有界限。易经过变化成为'一'，再由'一'分成阴阳两气，其中的少阳'七'又变化成为老阳'九'，由此产生天地。'九'是变化的终极，于是重新变化成为'一'。一是元气形态变化的开始。变化之中，清轻之气上升成为天，浊重之气下沉变为地，而阴阳两气在相互交汇中便产生人；所以天地之间包含阴阳精气，万事万物得以化育生长。"

子列子曰："天地无全功，圣人无全能，万物无全用。故天职生覆①，地职形载②，圣职教化，物职所宜。然则天有所短，地有所长，圣有所否，物有所通。何则？生覆者不能形载，形载者不能教化，教化者不能违所宜，宜定者不出所位。故天地之道，非阴则阳；圣人之教，非仁则义；万物之宜，非柔则刚：此皆随所宜而不能出所位者也。故有生者，有生生者；有形者，有形形者；有声者，有声声者；有色者，有色色者；有味者，有味味者。生之所生者死矣，而生生者未尝终；形之所形者实矣，而形形者未尝有；声之所声者闻矣，而声声者未尝发；色之所色者彰矣，而色色者未尝显；味之所味者尝矣，而味味者未尝呈：皆无为之职也。能阴能阳，能柔能刚，能短能长，能员③能方，能生能死，能暑能凉，能浮能沉，能官能商，能出能没，能玄④能黄，能甘能苦，能膻能香。无知也，无能也，而无不知

也，而无不能也。”

——《列子·天瑞》

【注释】①生覆：覆育众生。②形载：承载万物。③员：通“圆”，圆形。④玄：黑色。

【译文】列子说：“天地没有完备的功效，圣人没有完备的本领，事物没有完备的用处。所以天的使命是覆育众生，地的职责是承载万物，圣人的责任是施行教化，万物各自承担适宜的任务。因此，天有所短，地有所长，圣人有时闭塞，万物有时顺通。为什么呢？因为天覆育众生但不能承载万物，地承载万物但不能施行教化，圣人施行教化但不能违背事物的本性，万物的本性被规定后就不能超越各自的地位。所以天地自然的规律，不是阴气就是阳气；圣人的教化，不是仁爱就是正义；万物的性质，不是柔弱就是刚强：这些都是依据事物各自固有的本质而不超越各自应处的地位。所以有被产生的事物，就有产生事物的本原；有形状，就有产生这形状的本原；有声音，就有产生这声音的本原；有色彩，就有产生这色彩的本原；有滋味，就有产生这滋味的本原。生命所造就的生物死亡了，但产生这生命的本原却未曾终结；物体所表现的形状是充实的，但产生这物体的本原却没有形状；声音所造成的音响能听见了，但产生这声音的本原却未曾发声；色彩所描绘的画面是显著的，但产生这色彩的本原却未曾显现；滋味所调制的食物被品尝了，但产生这滋味的本原却未曾显露：这些都是无为之道所发挥的作用。它能够表现出阴的性质，也能够表现出阳的性质，它能够柔软，也能够刚强，能够短，也能够长，能够圆，也能够方，能够生，也能够死，能够热，也能够凉，能够上浮，也能够下沉，能够奏宫调，也能够奏商调，能够出现，也能够隐没，能够显现黑色，也能够显现黄色，能够甘甜，也能够苦涩，能够膻臭，也能够芳香。它没有知觉，没有能力，却又没有不知晓的，没有不能做到的。”

杞国①有人忧天地崩坠，身亡所寄，废寝食者。又有忧彼之所忧者，因往晓之，曰：“天，积气耳，亡处亡气。若屈伸呼吸，终日在天中行止，奈何忧崩坠乎？”其人曰：“天果积气，日月星宿，不当坠耶？”晓之者曰：“日月星宿，亦积气中之有光耀者，只使坠，亦不能有所中伤。”其人曰：“奈地坏何？”晓者曰：“地积块耳，充塞四虚，亡处亡块。若躇步②跐③蹈，终日在地上行止，奈何忧其坏？”其人舍然④大喜，晓之者亦舍然大喜。长庐子⑤闻而笑之曰：“虹蜺⑥也，云雾也，风雨也，四时也，此积气之成乎天者也。山岳也，河海也，金石也，火木也，此积形之成乎地者也。知积气也，知积块也，奚谓不坏？夫天地，空中之一细物，有中之最巨者。难终难穷，此固然矣；难测难识，此固然矣。忧其坏者，诚为大⑦远；言其不坏者，亦为未是。天地不得不坏，则会归于坏。遇其坏时，奚为不忧哉？”子列子闻而笑曰：“言天地坏者亦谬，言天地不坏者亦谬。坏与不坏，吾所不能知也。虽然，彼一也，此一也。故生不知死，死不知生；来不知去，去不知来。坏与不坏，吾何容心哉？”

——《列子·天瑞》

【注释】①杞(qǐ)国：古国名，公元前11世纪周分封的诸侯国，都城在雍丘，即今河南省杞县。②躇(chú)步：踩踏。③跐(cǐ)：踩。④舍(shì)然：疑虑清除的样子。舍，通“释”。⑤长庐子：战国时楚国人，属道家流派。⑥蜺：即“霓”，又称“副虹”，虹的一种。⑦大：同“太”。

【译文】杞国有一个人担忧会天崩地陷，自己无处安身，因而愁得茶饭不进，睡眠不安。又有一个人替他的担忧而担忧，就前去开导他，说：“天，不过是积聚的气体，没有一处没有气。你弯腰伸臂，呼气吸气，整天在天空里活动，为什么还担心天会崩塌呢？”那个杞国人说：“天果然是积聚的气体，但日月星辰不会掉下来吗？”开导他的人说：“日月星辰不过是积气当中会发光的，即使掉下来，也不会有什么伤害。”那个杞国人又问：“那么地陷下去怎么办呢？”开导他的人说：“地，不过是堆积起来的土块罢了，它充满四处，没有一处没有土块。你行走踩踏，整天在地上活动，为什么要怕它陷落呢？”那个杞国人听罢，疑团消失了，非常高兴，而开导他的人也十分欣喜。长庐子听说这件事，笑他们说：“虹霓、云雾、风雨、四季，这些都是由积聚的气体所形成的天。山岳、河海、金石、火木，这些都是由堆积的实体所产生的地。既然知道它们是积聚的气体，是堆积的土块，怎么说它们不会毁坏呢？天地在无限的宇宙中只是一个细微的物体，而在有万物的地方却是最为巨大的东西。它们难以消亡，难以穷尽，这是肯定的；人们难以揣测它们，难以认识它们，这也是肯定的。担忧天地会毁坏，那实在担忧得太远；但断言它们不会毁坏，也是不对的。天地不能不毁坏，结果总是要毁坏的。如果遇到天塌地陷，怎么不使人担忧呢？”列子听说这件事后，笑着说：“说天地会毁坏是错误的，说天地不会毁坏也是错误的。天地毁坏与不毁坏，不是我们所能知道的事情。既然如此，那么天地不会毁坏是这么一回事，天地会毁坏也是这么一回事。因此人活着不知道死后的事情，死了不知道生前的情形；未来不知道过去的事情，过去不知道未来的事情。那么天地会不会崩陷，我又何必要挂在心上呢？”

殷汤[1]问于夏革[2]曰：“古初有物乎？”夏革曰：“古初无物，今恶得物？后之人将谓今之无物，可乎？”殷汤曰：“然则物无先后乎？”夏革曰：“物之终始，初无极已。始或为终，终或为始，恶知其纪[3]？然自物之外，自事之先，朕所不知也。”殷汤问：“然则上下八方有极尽乎？”革曰：“不知也。”汤固问。革曰：“无则无极，有则有尽。朕何以知之？然无极之外复无无极，无尽之中复无无尽。无极复无无极，无尽复无无尽。朕以是知其无极无尽也，而不知其有极有尽也。”汤又问曰：“四海之外奚有？”革曰：“犹齐州[4]也。”汤曰：“汝奚以实之？”革曰：“朕东行至营[5]，人民犹是也。问营之东，复犹营也。西行至豳[6]，人民犹是也。问豳之西，复犹豳也。朕以是知四海、四荒、四极[7]之不异是也。故大小相含，无穷极也。含万物者，亦如含天地。含万物也故不穷，含天地也故无极。”

——《列子·汤问》

【注释】①殷汤：商朝的建立者。②夏革（jí）：又作“夏棘”，人名，商代汤武时的大夫。③纪：头绪。④齐州：中央之州，泛指中国。齐：通“脐”，指中央。⑤营：营州，古十二州之一，在今辽宁一带。⑥豳（Bīn）：古邑名，在今陕西旬邑县西南。⑦四海、四荒、四极：四海，泛指全国各地。四荒：泛指四方边荒之地。四极，泛指四方极远之地。

【译文】殷汤问夏革道：“远古之初有物存在吗？”夏革回答说：“如果远古时代没有物存在，现在怎么会有物存在呢？后来的人如果说现在没有物存在，可以吗？”殷汤又问：“这样说，事物的产生就没有先后之分了吗？”夏革回答：“事物的终结和开始，本来就没有固定的准则。开始也许就是终结，终结也许就是开始，又如何弄清这些头绪呢？但是如果说物质存在之外还有什么，事情发生之先又是怎样，我就不知道啦。”殷汤再问：“那么天地八方有极限和穷尽吗？”夏革回答：“不知道。”殷汤一个劲儿地问。夏革才回答道：“既然是空无就没有极限，既然是有物就没有穷尽。那么我凭什么知道呢？因为空无的在没有极限之外连没有极限也没有，有物的在没有穷尽之中更是连没有穷尽也没有。没有极限又连没有极限也没有，没有穷尽又连没有穷尽也没有。于是我从这里知道空无是没有极限的，有物是没有穷尽的，而不知道它们是有极限、有穷尽的。”殷汤听罢又问：“四海的外面有什么呢？”夏革回答：“像四海之内一样。”殷汤追问道：“你用什么来证明呢？”夏革回答：“我向东去到过营州，见那里的人们像这里的一样。我问他们营州以东的情况，他们说也像营州一样。我朝西行走到豳州，见那里的人们像这里的一样。我问他们豳州以西的情况，他们说也像豳州一样。我以此知道四海之外、四方蛮荒、四方极远之地都没有什么差别。所以事物大小互相包含，没有穷尽和极限。”

抱朴子曰：“玄者，自然之始祖，而万殊之大宗也。眇昧①乎其深也，故称‘微’焉；绵邈②乎其远也，故称‘妙’焉。其高则冠盖乎九霄，其旷则笼罩乎八隅。光③乎日月，迅乎电驰。……夫玄道者，得之乎内，守之者外，用之者神，忘之者器，此思玄道之要言也。得之者贵，不待黄钺④之威；体之者富，不须难得之货。高不可登，深不可测。乘流光，策飞景，凌六虚[⑤]，贯涵溶[⑥]。出乎无上，入乎无下。经乎汗漫[⑦]之门，游乎窈眇之野。逍遥恍惚之中，倘佯仿佛之表。咽九华[⑧]于云端，咀六气[⑨]于丹霞。徘徊茫昧，翱翔希微，履略蜿虹，践跚旋玑[⑩]，此得之者也。”

——《抱朴子·内篇·畅玄》

【注释】①眇昧（miǎo mò）：眼睛模糊，借指渺茫。②绵邈：辽远，悠远。③光：明亮。④黄钺（yuè）：用黄金装饰的斧子，古代为帝王或手握重权的大臣所专用。⑤六虚：上下四方。⑥涵溶：包容万物的宇宙。⑦汗漫：广大，漫无边际。⑧九华：日月的精华。⑨六气：天地四时之气。⑩旋玑：北斗七星中的第二星、第三星。泛指北斗。

【译文】抱朴子说：“玄道，是自然的始祖，万事万物的根本。它幽深得渺渺茫茫，所以称之为‘微’；它悠远得绵绵莽莽，所以称之为‘妙’。玄道的崇高，就像那峨冠覆盖在九天之上；玄道的空旷，就像那巨笼环罩在八方之外。它比日月更光明，比闪电更疾速。……玄道，从内在而得到，靠外在来持守；善于运用玄道的人则可畅达其精神，而忘却玄道则只会拘泥于形体。这是思索如何真正掌握玄道的主要秘诀。凡真正掌握玄道的人则显贵，不必借用黄钺以显威风；体会到玄道的人富有，不必凭借罕见的财货以示贵重。真正得道者是高不可攀、深不可测的。他可乘驭流动的光线，鞭策飞扬的虚影，凌驾上下四方，贯穿浩瀚宇宙。可高至无极，深入幽冥。经行于无边无际的大门，游荡在幽暗玄妙的四野。在那迷茫不清、恍恍惚惚中逍遥，在那迷迷蒙蒙、仿仿佛佛中徜徉。在那云端吮吸日月的精华，在那红霞之中咀嚼天地元气。徘徊于无形无迹之中，翱翔在不见不闻之际，脚踏着蜿蜒的彩虹，足登着北斗七星。这便是真正掌握玄道的人所达到的境界。”

抱朴子曰：“余闻之师云：‘人能知一，万事毕。’知一者，无一之不知也；不知一者，无一之能知也。道起于一，其贵无偶，各居一处，以象天地人，故曰‘三一’也。天得一以清，地得一以宁，人得一以生，神得一以灵。金沉羽浮，山峙川流，视之不见，听之不闻，存之则在，忽之则亡，向之则吉，背之则凶，保之则遐祚[①]罔极，失之则命彫[②]气穷。老君曰：‘忽兮恍兮，其中有象；恍兮忽兮，其中有物。’一之谓也。故仙经曰：‘子欲长生，守一当明；思一至饥，一与之粮；思一至渴，一与之浆。’一有姓字服色：男长九分，女长六分，或在脐下二寸四分下丹田中，或在心下绛宫金阙中丹田也，或在人两眉间，却行一寸为明堂，二寸为洞房，三寸为上丹田也。此乃是道家所重，世世歃（shà）血口传其姓名耳。一能成阴生阳，推步寒暑。春得一以发，夏得一以长，秋得一以收，冬得一以藏。其大不可以六合[③]阶[④]，其小不可以毫芒比也。”

——《抱朴子·内篇·地真》

【注释】①祚：福气，福分。②彫：通“凋”。③六合：上下四方。④阶：界定。

【译文】抱朴子说：“我听老师说：‘人们只要懂得了一，那什么事就都懂得了。’知道了一，就没有什么事不知道；不知道一，那就什么事都不知道。道由一而始，珍贵得独一无二，各自居住一处，从而形成天、地、人，所以称之为‘三一’。上天得一则清明，大地得一则安宁，人类得一则生存，神明得一则威灵。金属往下沉，羽毛向上浮，山岳高耸，溪河流淌，这些对人来说往往是视而不见，听而不闻，但是你若依靠它则得以生存，若是忽略它则面临死亡，若顺应它就会吉祥，而违背它则招致凶险，若保护好它就有长久的福分无穷无尽，若丢掉了它则会丢掉性命、丧失元气。太上老君说：‘惚惚恍恍，其中却有形象；恍恍惚惚，其中却有实物。’这说的就是一啊！所以仙经上说：‘你若想要长生，就应该明白持守一；存思守一到最饿时，一会给你食物；存思守一到最渴时，一会给你水喝。’一是有姓名、有字号、有服饰、有颜色的：男则高九分，女则高六分；有时它在肚脐之下两寸四分的下丹田穴之中，有时又在心脏下绛宫、金阙的中丹田之中；有时会在人的两眉之间，若向下一寸就叫‘明堂’，向下两寸叫‘洞房’，向下三寸则叫‘上丹田’。这些都是修道之人非常注重的，都是一代一代地歃血为盟之后，才可以口耳相传它们的姓名。一能够生成阴、阳，推演出寒暑冷热。春要得到一才能万物萌发，夏要得到一才能万物成长，秋要得到一才有万物收成，冬要得到一才有万物储藏。一的大不可以上下四方来界定，一的小则不能用毫毛麦芒来比喻。”

齐　物

可乎可，不可乎不可。道行之而成，物谓之而然。恶乎然？然于然。恶乎不然？不然于不然。恶乎可？可于可。恶乎不可？不可于不可。物固有所然，物固有所可。无物不然，无物不可。故为是举莛①与楹②，厉③与西施，恢恑④憰⑤怪，道通为一。

——《庄子·齐物论》

【注释】①莛（tíng）：草茎。②楹（yíng）：方堂前的柱子。③厉：通“疠”，恶疮。此指丑陋的女人。④恑（guǐ）：通“诡”，诡秘。⑤憰（jué）：通“谲”，欺诈。

【译文】说“可”，是人们认为这是“可”；说“不可”，是人们认为这是“不可”。道路是行走而成的，事物是人们称谓而就的。何以说“然”？因为“然”就是“然”。何以说“不然”？因为“不然”就是“不然”。何以说“可”？因为“可”就是“可”。何以说“不可”？因为“不可”就是“不可”。事物原本就有“然”，事物原本就有“可”。没有什么事物“不然”，没有什么事物“不可”。所以，可以举出细小的草茎和高大的庭柱，丑陋的女人和美丽的西施，宽大、奇变、诡诈、怪异等千奇百怪的各种事态来说明这一点，而从“道”的观点看它们都是相通而浑然一体的。

是不是，然不然。是若果是也，则是之异乎不是也亦无辩；然若果然也，则然之异乎不然也亦无辩。

——《庄子·齐物论》

【译文】“是”也“不是”，“然”也“不然”。“是”如果是“是”，那么“是”区别于“不是”就无法争辩；“然”如果是“然”，那么“然”区别于“不然”也无法争辩。

昔者①庄周梦为胡蝶，栩栩然②胡蝶也，自喻③适志与，不知周也。俄然觉，则蘧蘧④然周也。不知周之梦为胡蝶与，胡蝶之梦为周与？周与胡蝶则必有分矣。此之谓物化[⑤]。

——《庄子·齐物论》

【注释】①昔者:夜间。昔,通"夕"。②栩栩然:形容蝴蝶飞舞的轻快自如的样子。③自喻:自乐。④蘧(jù)蘧然:忽然觉醒的样子。⑤物化:指一种泯灭事物差别、物我浑然同化的和谐境界。

【译文】从前,庄周梦见自己变成了蝴蝶,翩翩起舞的一只蝴蝶,悠然自在,根本不知道自己原来就是庄周。忽然醒来,自己分明是庄周。不知道是庄周做梦化为蝴蝶呢,还是蝴蝶做梦化为庄周呢?庄周和蝴蝶一定是有所区别的。这种转变就叫作"物化"。

是非之彰也,道之所以亏也。道之所以亏,爱之所以成。果且有成与亏乎哉?果且无成与亏乎哉?有成与亏,故昭氏[①]之鼓琴也;无成与亏,故昭氏之不鼓琴也。

——《庄子·齐物论》

【注释】①昭氏:昭氏姓昭名文,善于演奏古琴。

【译文】是与非的显露就表明人眼里的大道有了亏损。换句话说,大道的亏损是人的偏私的观念所造成的。果真有成与亏吗?果真没有成与亏吗?举例说,昭文弹琴就有成与亏,昭文不弹琴就没有成与亏。

天下莫大于秋豪[①]之末,而太山[②]为小;莫寿于殇子[③],而彭祖[④]为夭。天地与我并生,而万物与我为一。

——《庄子·齐物论》

【注释】①秋豪：即“秋毫”，秋天鸟兽新生的细毛。②太山：即泰山。③殇子：未成年而死的人。④鼓祖：姓篯，氏彭，名翦，也称篯铿，远古五帝之一——颛顼的玄孙，传说其活了800岁。

【译文】用相对的眼光看，天地间没有比秋毫更大的东西，巍峨的泰山却显得太小；没有比夭折的婴孩更长寿的，而古时候活了800岁的彭祖却显得短命。天地与我同时产生，而万物与我合为一体。

其分也，成也；其成也，毁也。凡物无成与毁，复通为一。唯达者知通为一。

——《庄子·齐物论》

【译文】有分就有成，有成就有毁。其实，万事万物无所谓成与毁，从整体看来原本就是循环往复、圆通一体的。这是只有通达之人才了解的圆通的道理，他不用成毁之见，而是诉诸圆通为一的常理。

草食之兽不疾[1]易薮[2]，水生之虫不疾易水。行小变而不失其大常也，喜怒哀乐不入于胸次。夫天下也者，万物之所一也。得其所一而同焉，则四支[3]百体将为尘垢，而死生终始将为昼夜，而莫之能滑[4]，而况得丧祸福之所介乎！弃隶[5]者若弃泥涂[6]，知身贵于隶也，贵在于我而不失于变。且万化而未始有极也，夫孰足以患心！

——《庄子·田子方》

【注释】①疾：厌恶。②薮(sǒu)：草泽。③支：通“肢”。④滑：扰乱。⑤隶：隶属于势位的外物。⑥泥涂：烂泥。

【译文】食草的兽类，不担忧更换沼泽地；水生的虫类，不担忧交换水是在什么地方。因为那都是些小的变化而并没有失去基本的生活条件，所以，喜怒哀乐的心情就不会随着小的变化而在心中引起动荡。天下这块地方，是万物共同生息的场所。既然万事万物都有着共同的生存背景，那么我们的四肢百体即便早晚将成为一堆垃圾，由于生和死、终和始也将和昼夜交替一样地循环不已，谁如果连生死都能不介意，又怎么会为了人生那一点得和失、祸和福而斤斤计较呢！所有隶属于自己的身外之物都和得失祸福连在一起，所以对于它们，完全可以像抛弃烂泥一样弃之不顾，因为我们懂得自己的身体比那些隶属于此身的东西要更加珍贵。如果懂得了我们自身存在的珍贵，也就不会为一些小的变故而患得患失了。而且世界的千变万化是无穷无尽的，又何必为这么一个无限性的问题而弄得自己心神不安呢？

夫知者不言，言者不知，故圣人行不言之教。道不可致，德不可至。仁可为也，义可亏也，礼相[①]伪也。故曰："失道而后德，失德而后仁，失仁而后义，失义而后礼。"礼者，道之华而乱之首也。故曰："为道者日损，损之又损之，以至于无为。无为而无不为也。"今已为物也，欲复归根，不亦难乎！其易也，其唯大人[②]乎！生也死之徒，死也生之始，孰知其纪[③]！人之生，气之聚也。聚则为生，散则为死。若死生为徒，吾又何患！故万物一也。是其所美者为神奇，其所恶者为臭腐。臭腐复化为神奇，神奇复化为臭腐。故曰："通天下一气耳。"圣人故贵一。

——《庄子·知北游》

【注释】①相：助长。②大人：指能体悟大道的人。③纪：指生与死的终极。

【译文】懂得道的人不谈论道，谈论道的人并不懂得道，所以，圣人推行放弃言说的教化。道是不能获取的，德是不能达到的。仁可以去做，义可以损弃，礼是助长欺骗的。所以说："失去道而后才有德，失去德而后才有仁，失去仁而后才有义，失去义而后才有礼。"礼只是道华丽的外表，而它也正是祸乱的开端。所以说："追求大道的人不是要天天学习，而是要天天减损，减损了再减损，一直达到无为的境界。达到无为的境界之后，才能够做什么都合乎自然。"现在我们面对着一个有形的世界，要想在精神上返回这个世界的虚无的本质，难道不是太难了吗？如果说还有谁容易做到，那就只有能够体悟大道的人！从道的观点来看，生和死是同一类事物，从气的一元论出发，死作为生的开始也就是从气开始，谁能够懂得死与生的终极啊！人的生命只不过是气的一种聚合方式。气聚到一起就得到了生命，气一散开人就会死亡。如果死生是同类事物的不同表现形式，我们还有什么值得担心的呢！所以说，万物实际上是一体的。人们把自己认为美好的东西称之为神奇，而把自己厌恶的东西称之为臭腐。臭腐可以转化为神奇，神奇也可以转化为臭腐。所以说："贯通天下的只是一气罢了。"因而圣人重视这个"一"。

至　　道

至人[①]无已[②]，神人无功[③]，圣人无名[④]。

——《庄子·逍遥游》

【注释】①至人：和下文的“神人”“圣人”都是庄子理想中修养最高的人。②无己：即忘掉自己，与万物化而为一。③无功：指无意在人世间求功。④无名：指无意于急切地追求名誉和地位。

【译文】修养最高的人能与自然万物化为一体，从而忘掉自己，修养达到神化境界的人无意在人世间求功，有道德学问的圣人无意于急切地求取名誉和地位。

古之真人，不逆[①]寡，不雄[②]成，不谟[③]士[④]。若然者，过而弗悔，当而不自得也。若然者，登高不栗，入水不濡[⑤]，入火不热。是知之能登假[⑥]于道者也若此。

——《庄子·大宗师》

【注释】①逆：拒绝。②雄：夸耀。③谟(mó)：谋。④士：同“事”，事情。⑤濡：沾湿。⑥登假：升到。

【译文】古时候的“真人”，不倚众凌寡，不夸耀自己的成功，也不图谋世事。像这样的人，有了过错不追悔，遇上顺境也不得意。像这样的人，登高不颤栗，下水不觉得湿，入火不觉得热。这是智慧能上升到道的境界的人才能如此的。

古之真人，其寝不梦，其觉无忧，其食不甘，其息深深[①]。真人之息以踵，众人之息以喉。屈服者，其嗌言[②]若哇[③]。其耆[④]欲深者，其天机[⑤]浅。

——《庄子·大宗师》

【注释】①深深：幽深沉静的样子。②嗌(ài)言：窒塞在咽喉的话。

③哇：吐。④耆：通“嗜”，嗜好。⑤天机：天然的灵性。

【译文】古时候的“真人”，睡觉时不做梦，醒来时不忧愁，饮食不求甘美，呼吸气息深沉。“真人”的呼吸是将气运到脚跟，而一般人的呼吸则只达到咽喉间。爱争辩的人在理屈词穷时，说话就像要呕吐一般而吞吞吐吐。凡是物欲强烈的人，他的天然的灵性也就浅薄了。

古之真人，不知说[①]生，不知恶死。其出[②]不䜣[③]，其入[④]不距[⑤]。翛然[⑥]而往，翛然而来而已矣。

——《庄子·大宗师》

【注释】①说：通“悦”。②出：生。③䜣（xīn）：欣喜。④入：死。⑤距：通“拒”，抗拒。⑥翛（xiāo）然：往来自然而无拘束的样子。

【译文】古时候的“真人”，不知道对生存感到欣喜，也不知道厌恶死亡。他出生不感到欢欣，面临死并不抗拒。他只是自然而去，自然而来罢了。

夫有土者，有大物[①]也。有大物者，不可以物。物而不物，故能物物[②]。明乎物物者之非物也，岂独治天下百姓而已哉！出入六合，游乎九州。独往独来，是谓独有。独有之人，是谓至贵。

——《庄子·在宥》

【注释】①大物：指天下。②物物：指主宰天下。

【译文】凡拥有国土的人，就是有了天下的人。有天下的人，不可受到外物的役使。应当役使支配万物而不被万物所支配役使，只有这样才能主宰万物。如果明白了主宰万物的并不是物自身的道理，哪里会只限于治理天下百姓啊！这样的人甚至可以随意往来出入于天地四方的宇宙空间，漫游九州，能够独往独来，称之为“独有”。这种独来独往特立独行的人，便是无上尊贵的人。

贱而不可不任[①]者，物也；卑而不可不因者，民也；匿而不可不为者，事也；粗而不可不陈[②]者，法也；远而不可不居[③]者，义也；亲而不可不广者，仁也；节而不可不积[④]者，礼也；中[⑤]而不可不高[⑥]者，德也；一而不可不易者，道也；神而不可不为者，天也。故圣人观于天而不助，成于德而不累，出于道而不谋，会于仁而不恃，薄于义而不积，应于礼而不讳[⑦]，接于事而不辞，齐于法而不乱，恃于民而不轻，因于物而不去。物者莫足为也，而不可不为。

——《庄子·在宥》

【注释】①任：听任。②陈：陈述。③居：遵守。④积：积累。⑤中：平庸。⑥高：发扬。⑦讳：拘束。

【译文】低贱然而不可不听任的，是万物；卑微然而不可不随顺的，是百姓；不显眼然而不可不去做的，是事情；不周全然而不可不陈述的，是可供效法的言论；距离遥远但又不可不遵守的，是道义；亲近然而不可不扩展的，是仁爱；虽为细末的小节然而不可不累积的，是礼仪；严肃然而不可不发扬的，是德；本于一气然而不可不变化的，是道；神妙莫测然而不可不顺应的，是自然。所以圣人观察自然的神妙却不去帮助，成就了修养却不受拘束，行动出于道却不是事先有所考虑，符合仁的要求却并不有所依赖，接近了道义却不积不留，应和礼仪却不拘束，接触琐事却不推迟，同于法度而不肆行妄为，依靠百姓而不随意役使，遵循事物变化的规律而不轻率离弃。万事万物均不可强为，但又不可不为。

怨、恩、取、与、谏、教、生、杀八者，正之器也，唯循大变[①]无所湮[②]者为能用之。故曰：正者，正也。其心以为不然者，天门[③]弗开矣。

——《庄子·天运》

【注释】①大变：指自然天理。②湮：滞塞。③天门：指天机之门。

【译文】怨恨、恩惠、获取、施与、谏诤、教化、生存、杀戮，这八种作法是用来端正他人的工具，只有遵循自然天理而不为物欲所滞塞的人才能够运用它们。所以说："自己端正，才能端正别人。内心不以为是这样的，天机之门就不会打开。"

小识伤德，小行伤道。故曰：正己而已矣。乐全之谓得志。

——《庄子·缮性》

【译文】小有所知会损伤德，小有所成会伤害道。所以说，端正自己也就可以了。乐意保全自然的性情，叫做得志。

吾愿君刳[①]形去皮，洒心去欲，而游于无人之野[②]。南越[③]有邑焉，名为建德之国。其民愚而朴，少私而寡欲；知作而不知藏[④]，与而不求其报；不知义之所适，不知礼之所将[⑤]。猖狂妄行，乃蹈乎大方[⑥]。其生可乐，其死可葬。吾愿君去国捐俗，与道相辅而行。

——《庄子·山木》

【注释】①刳(kū):剔净。②无人之野:指至虚的大道之境。③南越:虚构的地名。④藏:私藏谷物。⑤将:行。⑥大方:广大之境,指大道。

【译文】我希望国君能够剔除形体,清洗心灵去除物欲,进而漫游在广漠无人的境界。南越有个城邑,名叫建德之国。那里的百姓愚昧而质朴,私心少,情欲淡;只知道劳作而不知道私家敛藏,帮助别人而不求报答;不懂得道义将往哪里用,也不知道礼仪如何举行。他们从心所欲,从来不约束自己的行为,却能和大道相一致。他们活得适性快乐,死后安然归葬。我希望国君能够放弃国家的权位,抛开世俗的观念,和大道相辅相成,并行不悖。

故海不辞东流,大之至也。圣人并包天地,泽及天下,而不知其谁氏。是故生无爵,死无谥,实[1]不聚,名不立,此之谓"大人"。狗不以善吠为良,人不以善言为贤,而况为大乎!夫为大不足以为大,而况为德乎!夫大备矣,莫若天地。然奚求焉,而大备矣!知大备者,无求,无失,无弃,不以物易己也。反[2]己而不穷,循古而不摩[3],大人之诚[4]。

——《庄子·徐无鬼》

【注释】①实:财货。②反:通"返",归。③摩:揣摩。④诚:指自然德性。

【译文】大海正因为它不推辞东流的江河,这才大到了极点。圣人的胸怀包容天地,恩惠泽及天下,但人们并不知道他姓甚名谁。正因为如此,真正的圣人活着的时候没爵位,死了以后也不要什么谥号,不积累财富,不树立名声,这就是所谓的"大人"。狗并不因为它善于吠叫便成为好狗，人也不因为善于雄辩就成为圣贤，更何况要成为“大人”呢！有心成为伟大的人反倒都算不上什么伟大，何况成德呢！再大的事物也没有能比得上天地的，然而天地追求什么了呢？但它却最大最完备。懂得最大最完备的，就是无所追求，无所丧失，无所舍弃，不因为外物而改变自己。返回自己的本性而不穷尽，因循常道行事而不胡乱揣摩，这就是真正的“大人”。

大马[①]之捶[②]钩[③]者，年八十矣，而不失豪芒[④]。大马曰：“子巧与？有道与？”曰：“臣有守[⑤]也。臣之年二十而好捶钩，于物无视也，非钩无察也。是用之者假不用者也，以长得其用，而况乎无不用者乎！”

——《庄子·知北游》

【注释】①大马：官名，即大司马。②捶：锻打。③钩：兵器。④豪芒：比喻微小的差错。⑤守：借为“道”。

【译文】楚国的大司马手下有一位造兵器的人，已经八十岁了，造出的兵器仍然锋利无比，光芒四射。大司马说：“你是技艺高呢？还是有什么别的道行呢？”铸兵器的人回答说：“我是因为坚守道。我从20岁时就开始喜爱上造兵器这一行了，从此之后就对别的事物视而不见，不是和兵器有关的事情看都不看一眼。我这种造兵器的技艺之所以有所用，完全得力于平时对和兵器无关的事不予理睬的专注上面，因此能长期受到重用。我因用心于铸兵器而不用心在别的地方就能如此有用，何况那些对所有的事物都无所用心的求道者呢？”

古之得道者，穷亦乐，通亦乐，所乐非穷通也。道得于此，则穷通为寒暑风雨之序矣。

——《庄子·让王》

【译文】古时得道的人，穷困时快乐，通达也快乐，所快乐的原因并不是穷困和通达。明白了这种道理，那么穷困和通达就会变得像寒暑风雨一样有规律地变化了。

关尹喜[①]曰："在己无居[②]，形物[③]其[④]箸[⑤]。其动若水，其静若镜，其应若响。故其道若物者也。物自违道，道不违物。善若道者，亦不用耳，亦不用目，亦不用力，亦不用心。欲若道而用视听形智以求之，弗当矣。瞻之在前，忽焉在后；用之弥满，六虚[⑥]废之，莫知其所。亦非有心者所能得远，亦非无心者所能得近。唯默而得之而性成之者得之。知而忘情，能而不为，真知真能也。发无知，何能情？发不能，何能为？聚块也，积尘也，虽无为而非理也。"

——《列子·仲尼》

【注释】①关尹喜：春秋（一说战国）时人，字公文，为早期道教代表人物之一。②居：固定，偏执。③形物：此处指事物之理。④其：当作"自"。⑤箸：通"著"，显明。⑥六虚：同"六合"，指上下四方。

【译文】关尹喜说："自己能做到不偏执一端，外界事物之理就自然显明。行动时像流水一样自然，像镜子一样平静，反映外物时像回音一样不变原貌。所以说，'道'是顺从事物的。只有事物自己去违反'道'，而

'道'是不会违反事物的。善于体悟'道'的人,不用耳朵,不用眼睛,不用力气,也不用心智。体悟'道'想用视觉、听力、形象、智慧去求得,那是不恰当的。刚刚看见'道'在前面,倏忽之间它又跑到了后面;发生作用时它充满天地四方,不起作用时它又不知跑到哪去了。也并非有心求'道'能同它疏远,也并非无心求'道'能同它亲近。唯有虚心体会和穷尽本性的人才能够获得它。知道事理泯灭情感,十分能干而不去干,才是真正的知道,真正的能干。启发那些无知之物,又怎能产生情感?发动那些无能之物,又怎能有所作为?堆土块呀,积灰尘呀,虽然都是没有作为的,但这并不是至道的体现。"

白公①曰:"人固不可与微言②乎?"孔子曰:"何为不可?唯知言之谓③者乎?夫知言之谓者,不以言言④也。争鱼者濡⑤,逐兽者趋,非乐之也。故至言去言,至为无为。夫浅知之所争者末矣。"白公不得已,遂死于浴室。

——《列子·说符》

【注释】①白公:即白公胜,春秋时楚国大夫,名胜,号白公。楚惠王十年(前479),白公胜发动政变,杀令尹子西、司马子期,控制楚都。后被叶公子高击败,自缢而死。②微言:秘密之言。这里指密谋。③谓:指言语中的内在含意。④言言:用语言来表达。⑤濡:沾湿。

【译文】白公胜说:"那么,难道一定不能同别人密谋了吗?"孔子回答:"为什么不可以?只要领会言谈中的深意就可以呀!所谓领会言谈中的深意，就是不依靠语言来表达。捕鱼的人会把衣服弄湿，追赶野兽的人要奔跑，这并非他们喜欢这样做。因此最高明的言论不用语言表达，最崇高的行为无所动作。那些浅薄的人所争执的只是事物的细枝末节罢了。”白公胜没有领会到孔子话中的含义，仍然密谋叛乱，最后政变失败，被迫上吊死在浴室里。

第二章　价值取向

无　　为

天地不仁[①],以万物为刍狗[②];圣人不仁,以百姓为刍狗。天地之间,其犹橐籥[③]乎?虚而不屈[④],动而愈出。多言数穷[⑤],不如守中。

——《老子·五章》

【注释】①仁:指有私心的偏爱。②刍狗:古代用草扎成的狗,用来祭神。祭祀时,祭者将盖上花布的“刍狗”恭敬地放于神像前,祭祀完即扔弃,任人践踏,毫不顾惜。③橐籥(tuó yuè):古代冶铸时鼓风用的器具,类似于现在的风箱。④不屈:不尽,不竭。⑤穷:穷尽、不通,引申为行不通、碰壁。

【译文】天地之德原本就没有什么私心偏爱,视同万物有如那祭祀求福的“刍狗”一样,当用则用之,当废则废之,一切全都顺其自然。明道之君也没有任何的私心偏爱,而使群臣百官各尽其用,各守其职,从不妄自干涉。天地之间不正像那鼓风的橐籥一样吗?虽然它看似虚空无物,却能够永不竭尽,总是在运转变动中化生万物。因此,君王如果有为而多言,那很快就会碰壁,反不如处虚守静而无为不言能够获得成功。

将欲取天下[1]而为之，吾见其不得已。天下神器[2]，不可为也，不可执也。为者败之，执者失之。

——《老子·二十九章》

【注释】①取天下：指治理天下。②神器：神圣的器物。

【译文】想要占有天下而执取政权，然后按照自己的心思意愿去发号施令，我认为这样肯定是行不通的。天下并非一个人的天下，国家并非一个人的国家，其神圣而不可亵渎，神明而不可轻忽，是不能够按照君王个人的好恶欲望来随意处置的。那些任意妄为的人必然会遭遇败亡，那些执意攫取的人必然会全部丧失。

不出户，知天下。不窥牖[1]，见天道。其出弥[2]远，其知弥少。是以圣人不行而知，不见而明，不为而成。

——《老子·四十七章》

【注释】①牖：窗。②弥：越。

【译文】君王虽然不走出门户亲自巡行视察，而对万物的孕育生长无所不知。他虽然不通过窗口亲自仰观远视，而对天象的运行变化无所不晓。君王如果出外巡行得越是遥远，其所闻所见越是众多，那么他的真知明见就必定越是稀少。因此明道之君虽然不远行于外而总能知天下之事，虽然不通过窗口仰观远望而总能明了天下的情况，虽然无所作为而总能成就天地万物之功。

为学日益，为道日损[1]，损之又损，以至于无为。无为而无不为。取天下常以无事[2]，及其有事[3]，不足以取天下。

——《老子·四十八章》

【注释】①日损：指每天消损私欲。②无事：无为。③有事：有为。

【译文】从事于学则日日增益其智为，补益其能力，而从事于道会一天天减损其私欲，减少其智能，减损而又减损，最终就会达到无私无欲、清静无为的境界，这样清静无为就会什么都做得好。君王要取得天下人的拥戴，就必须处虚守静，无欲无为，如果用其心智而妄为多事以满足私欲，就不能够取得天下人的拥戴而治理好国家。

圣人常无心，以百姓心为心。善者吾善之，不善者吾亦善之，德[1]善。信者吾信之，不信者吾亦信之，德信。圣人在天下，歙歙[2]焉，为天下浑其心，百姓皆注其耳目，圣人皆孩之。

——《老子·四十九章》

【注释】①德：通“得”。②歙歙(xī)：和谐。

【译文】明道之君总是虚静无为，而不以为自己能做什么，他总是任命群臣百官使、各司其职，各尽其事，也就是以群臣百官之心为己心。对于群臣百官所做的美善之事，他以善心对待之；对于群臣百官所做的不美不善之事，也同样以善心对待之。这样，他就会得到众人的亲善与爱戴，具有了美善之德。对于群臣百官所做的诚信之事，他以真诚之心对待之；对于群臣百官所做的不诚信之事，他同样以真诚之心对待之。这样，他就会得到众人的信任和拥戴，具有了诚信之德。明道之君在待人接物时总是和谐的，关闭自己的心志而不用其聪明。群臣百官全都贯注其耳目以伺察君王之好恶，而明道之君则总是像婴儿一样不显露其心意。

为者败之，执者失之。是以圣人无为故无败，无执故无失。民之从事，常于几成而败之。慎终如始，则无败事。是以圣人欲不欲，不贵难得之货；学不学，复众人之所过，以辅万物之自然而不敢为。

——《老子·六十四章》

【译文】天下所有之事，凡依照自己的私欲去着意做的，反而会败坏其事；天下所有之物，凡依照自己的心思去执意把持的，反而会失去其物。所以，明道之君总是顺其自然，清静无为，因此也就没有败亡之事；总是无私无欲，不抓持什么东西，因此也就什么都不会失去。而民众在做事的时候，往往是在几乎成功的时候反而遭到失败。因此说：当事情快要结束时仍然须谨慎小心，就如同刚刚开始一样，那绝不会出现败亡之事。所以明道之君总是愿望得到众人所不愿得到的东西，而不看重那些稀见难得的珍宝金玉；总是学习众人所不愿学的东西，如清静无为等，返归于众人所曾经得到过但被弃之不顾的卑下污辱之地。他们总是能够辅助天下万物顺其自然地发展变化，不敢为了满足私欲而胡作妄为。

天之道，不争而善胜，不言而善应，不召而自来，缂[①]然而善谋。天网

恢恢[2]，疏而不失。

——《老子·七十三章》

【注释】①繟(chǎn)：宽缓。②恢恢：广大的样子。

【译文】上天的原则和规律是：虽然其无为不争却往往能够取得胜利，虽然其虚静不言却往往得到恰当的回报，虽然其无欲无求却往往不用招徕就能够使民众归聚依附，虽然其不急不迫却能够谋划得十分周全。上天所编织的奖善惩恶的法网是那样恢弘广大，无边无际，虽然看似稀疏松散，但惩处那些违背天道的坏人坏事却从来不会有任何的遗漏或差错。

故君子不得已而临莅[1]天下，莫若无为。无为也，而后安其性命之情。故贵以身于为天下，则可以托天下；爱以身于为天下，则可以寄天下。

——《庄子·在宥》

【注释】①临莅：统治，治理。

【译文】所以，如果君子不得已而去治理天下，不如无为。无为而后就得以持守自然的本性和真情。所以如果把身体看得比天下更贵重，就可以把天下托付给他；如果把身体看得比天下更值得珍惜，就可以把天下寄托给他。

夫不恬不愉，非德也。非德也而可长久者，天下无之。

——《庄子·在宥》

【译文】不管是不得安静还是不得欢愉，都不是恒常之自然本性。不是恒常的自然本性而可维持长久的，天下没有这种事。

鹪鹩[①]巢于深林，不过一枝；偃鼠[②]饮河，不过满腹。归休乎君！予无所用天下为。

——《庄子·逍遥游》

【注释】①鹪鹩（jiāo liáo）：一种小鸟，善于筑巢。②偃鼠：即鼹鼠，喜欢喝河水。

【译文】鹪鹩在深林里筑巢，不过占据一个枝头而已；偃鼠到河里饮水，最多也不过喝饱肚子。请你回去吧！我要天下有什么用呢！

水之性，不杂则清，莫动则平；郁闭而不流，亦不能清。天德之象也。故曰：纯粹而不杂，静一而不变，惔[①]而无为，动而以天行，此养神之道也。

——《庄子·刻意》

【注释】①惔：通“淡”。

【译文】水的本性，不混杂就清澈，不搅动就平静；闭塞而不流通，也不会清澈。这是自然现象。所以说，纯粹而不混杂，虚静专一而不变化，恬淡而无为，遵循自然规律行动，这就是养神之道。

天地无为也而无不为也。

——《庄子·至乐》

【译文】天地是无为,又是无不为的。

天地有大美[①]而不言,四时有明法而不议,万物有成理而不说。圣人者,原[②]天地之美而达万物之理。是故至人无为,大圣不作,观于天地之谓也。

——《庄子·知北游》

【注释】①美:指覆载万物的功德。②原:推原。

【译文】天地有最大的覆载万物的功德,然而它却不说话;一年四季有明显而确定的规律性,然而它却从不议论;万物有它固定的道理,然而它却不加解释。圣人正是通过推究天地的美德而通达了万物生成的道理。所以,思想境界最高的人只是自然无为,大圣人也从不要创造什么,之所以这样,是说他通过观察天地大道并且明白了这一切。

四时殊气[①],天不赐[②],故岁成;五官[③]殊职,君不私,故国治;文武殊能,大人不赐,故德备;万物殊理,道不私,故无名。无名故无为,无为而无不为。

——《庄子·则阳》

【注释】①气:气候。②赐:偏私。③五官:指司徒、司马、司空、司士、司寇。

【译文】一年四季，气候不同，并不意味着天有偏私，岁月也就因此而得到了成就；司徒、司马、司空、司士、司寇有不同的职责，君王不偏私，所以国家才能得到治理；文臣武将有不同的才能，明道之君并不偏废任何一方，这才是德性完备的表现；万物有不同的存在根据，天道却并不偏私任何一种根据，所以大道没有确定的称谓。没有确定的称谓也就意味着它是无所作为的，它虽然无所作为却又是无所不为的。

名　　利

或[①]聘于庄子。庄子应其使曰："子见夫牺牛[②]乎？衣以文绣，食以刍[③]叔[④]。及其牵而入于大庙[⑤]，虽欲为孤犊，其可得乎！"

——《庄子·列御寇》

【注释】①或：有人。②牺牛：用来祭祀的牛。③刍：细草。④叔：通"菽"，大豆。⑤大庙：即太庙。

【译文】有人聘请庄子。庄子答复他的使者说："你见过那用作祭祀的牛吗？披着纹彩锦绣，吃着精细的草料和豆子。等到有朝一日它被牵进太庙，就是想做个没人看顾的小牛，办得到吗？"

宋人有曹商者，为宋王[①]使秦。其往也，得车数乘。王[②]说[③]之，益车百乘。反于宋，见庄子，曰："夫处穷闾阨巷，困窘织屦，槁项黄馘[④]者，商之所短也；一悟万乘之主而从车百乘者，商之所长也。"庄子曰："秦王有病召医，破痈溃痤者得车一乘，舐痔者得车五乘，所治愈下，得车愈多。

子岂治其痔邪，何得车之多也？子行矣！”

——《庄子·列御寇》

【注释】①宋王：指宋偃王。②王：指秦王。③说：通“悦”。④馘（guó）：脸。

【译文】宋国有位名叫曹商的人，为宋偃王出使秦国。当他动身前往时，获得车辆数乘。秦王喜欢他，又赏赐他车辆百乘。回到宋国，他见到庄子说：“住在穷街陋巷，困窘得织鞋度日，饿得面黄肌瘦，这是我所不及的；一旦奉命使万乘之国的君主省悟，随从的车马便有百乘，这是我所擅长的。”庄子说：“听说秦王有病延请医生，凡能刺破毒疮排挤疖子的可获得一乘车，舐痔疮的可获得五乘车，治疗手段越卑下，获得的车辆就越多。你难道舐了他的痔疮吗，为何获得这么多车辆啊？你走开吧！”

知和曰：“平为福，有余为害者，物莫不然，而财其甚者也。今富人，耳营[①]钟鼓管籥[②]之声，口嗛[③]于刍豢[④]醪[⑤]醴[⑥]之味，以感其意，遗忘其业，可谓乱矣；侅溺[⑦]于冯气[⑧]，若负重行而上阪，可谓苦矣；贪财而取慰[⑨]，贪权而取竭，静居则溺，体泽则冯[⑩]，可谓疾矣；为欲富就利，故满若堵耳而不知避，且冯而不舍，可谓辱矣；财积而无用，服膺而不舍，满心戚醮[⑪]，求益而不止，可谓忧矣；内则疑劫请之贼，外则畏寇盗之害，内周楼疏[⑫]，外不敢独行，可谓畏矣。此六者，天下之至害也，皆遗忘而不知察。及其患至，求尽性竭财，单以反一日之无故而不可得也。故观之名则不见，求之利则不得，缭意[13]绝体而争此，不亦惑乎！”

——《庄子·盗跖》

【注释】①营：杂乱的声音扰乱耳朵。②管籥（yuè）：箫笛一类的管乐器。③嗛（qiè）：快意。④刍豢（huàn）：牲畜。食草者称刍，食谷者称豢。⑤醪（láo）：醇酒。⑥醴（lǐ）：甜酒。⑦侅（gāi）溺：沉溺。⑧冯气：盛气。冯，满。⑨慰：怨。⑩冯：凭，恃。⑪戚醮（jiào）：烦恼。⑫楼疏：泛指防盗设施。楼，指户牖之间有孔眼的墙。疏，指穿孔如丝织品的窗。⑬缭意：内心念念不忘。

【译文】知和说：“平和是福，多余是害的道理，所有的事物无不如此，而财富更是如此。现在的富人，耳朵要听钟鼓管籥的声音，嘴巴要享受牛羊狗猪肉和品尝美酒的滋味，而这正好是动摇了他们宁静的心志，遗忘了他们的主业，可以说是乱了套；沉溺在各种各样的强烈感官刺激之中，就好像负重走上坡，可以说是很辛苦的；贪恋财富而把身体弄出了毛病，贪求权势而把自己的精力耗尽，闲散就沉溺于嗜欲，体壮就志得意满、盛气凌人，可以说是有毛病；为了求富趋利，所以就财富堆积如山也不知足，并且贪求不舍，可以说是自取其辱；积累财富而无所用，依然是一心一意敛财不舍，满心的忧伤烦恼，照旧追求增多而不知止，可以说是让人担忧的；在家里老想着盗贼会来偷来抢，在外面总是怕强盗伤害，于是就整天在家防门护窗，外出也带着保镖戒备，可以说这是吓破了胆。富人的这六种情况，是天下最大的祸害，却都遗忘掉而不知明察。等到大祸临头时，伤透脑筋耗尽财产，只求像过去一样过上一天好日子而不可得了。所以，想着自己的好名声却看不到，想求得财利却得不着，费尽心机牺牲身体去争名夺利，不也算是非常糊涂吗？”

子张曰：“昔者桀、纣贵为天子，富有天下。今谓臧[①]聚[②]曰‘汝行如桀、纣’，则有怍色，有不服之心者，小人所贱也。仲尼、墨翟，穷为匹夫，今谓宰相曰‘子行如仲尼、墨翟’，则变容易色，称不足者，士诚贵也。故势为天子，未必贵也；穷为匹夫，未必贱也。贵贱之分，在行之美恶。”满苟得曰：“小盗者拘，大盗者为诸侯。诸侯之门，义士存焉。昔者桓公小白杀兄入嫂，而管仲为臣；田成子[③]常杀君窃国，而孔子受币。论则贱之，行则下之，则是言行之情悖战于胸中也，不亦拂乎！故《书》曰：‘孰恶孰美，成者为首，不成者为尾。’”子张曰：“子不为行，即将疏戚无伦，贵贱无义[④]，长幼无序，五纪[⑤]六位[⑥]，将何以为别乎？”满苟得曰：“尧杀长子，舜流母弟，疏戚有伦乎？汤放桀，武王杀纣，贵贱有义乎？王季[⑦]为适[⑧]，周公杀兄[⑨]，长幼有序乎？儒者伪辞，墨子兼爱，五纪六位，将有别乎？且子正为名，我正为利。名利之实，不顺于理，不监[⑩]于道。吾日与子讼于无约[⑪]，曰：‘小人殉财，君子殉名，其所以变其情、易其性则异矣，乃至于弃其所为而[⑫]殉其所不为则一也。’故曰：无为小人，反殉而天；无为君子，从天之理。若枉若直，相[⑬]而天极；面观四方，与时消息[⑭]。若是若非，执而圆机；独成而意，与道徘徊。无转[⑮]而行，无成而义，将失而所为；无赴而富，无殉而成，将弃而天。比干剖心，子胥抉眼，忠之祸也；直躬[⑯]证父，尾生[⑰]溺死，信之患也；鲍子[⑱]立干，申子[⑲]自理[⑳]，廉之害也；孔子不见母，匡子[21]不见父，义之失也。此上世之所传、下世之所语，以为士者正其言、必其行，故服其殃、离[22]其患也。”

——《庄子·盗跖》

【注释】①臧：奴仆。②聚：通“驺”，养马的人。③田成子：即田常，又称陈恒，他杀死齐简公而自专国政。④义：仪则。⑤五纪：即五伦，指君臣、父子、夫妇、兄弟、朋友。⑥六位：即六纪，指诸父、兄弟、族人、诸舅、师长、朋友。⑦王季：文王之父，周太王庶子，因其兄太伯、仲雍让位，所以被立为嫡子。因为古代世袭制，王位传给嫡长子。⑧适：通“嫡”，嫡长子。⑨兄：指管叔和蔡叔。⑩监：明。⑪无约：虚构的人物。意思是不为名利所约束。⑫而：通“尔”，你。⑬相：视。⑭消息：消亡与生长。⑮转：通“专”，执守。⑯直躬：古人名，他曾去官府告发自己父亲偷羊的罪行。⑰尾生：古人名，他为了等与自己约定的女子，大水上涨也不肯离去，最终抱着柱子被淹死。⑱鲍子：即鲍焦。⑲申子：即申徒狄。⑳自理：自投于河而死。理，当为“埋”字之误，意思是沉。㉑匡子：名章，齐国人，因向父亲进谏，被父亲所放逐，所以终身不见父亲。㉒离：通“罹”，遭遇。

【译文】子张说：“过去桀、纣尊贵到做了天子，富有到拥有天下。现在你如果对奴仆和马夫说‘你的行为像桀、纣’，他们就会愤怒地变脸作色，对这样的评价感到心里不服气，因为即使是小人，也看不起桀、纣这样的人。孔丘和墨翟，穷困得和一般老百姓没有什么区别，但现在如果你对一个宰相说‘你的行为像孔丘、墨翟’，他就立即会和颜悦色，自称不敢当，看起来士大夫真是可贵呀。所以，即使权势如天子，也未必可贵；即使贫困如老百姓，也未必低贱。高贵和低贱的区别，全在于一个人的道德品行的好坏。”满苟得说：“小偷被绳捆索绑，大盗却成为诸侯。一旦一个人成了诸侯，他做什么就都是仁义的了。从前齐桓公小白杀了自己的亲哥，娶了自己的嫂子，而管仲却仍然愿意做他的臣子；田常杀掉自己的君主，窃取了国家政权，而孔子却接受他的贿赂。说起来挺下贱的，但一旦付诸于行动，却都愿意去做，人的言行不一，弄得心里自相矛盾焦虑万分，这不是乱了套了吗？所以《书经》上才说：‘谁是好的谁是坏的？成功的人当上首领，不成功的人只有奴才。’”子张说：“你不修养品行，将会亲疏没有伦常，贵贱没有准则，长幼没有次序，五伦六位，将怎么区别呢？”满苟得说：“尧杀掉了他的大儿子，舜流放了他的亲弟弟，这算有什么亲疏伦常吗？商汤放逐了他的君主夏桀，周武王杀了他的君主商纣，他们贵贱的标准在哪里呢？王季成了嫡子，周公杀了哥哥，他们的长幼有序吗？儒者的虚伪言辞，墨子的兼爱，还讲什么五伦六位的区别呀！况且，你正在求名，我正在求利。其实不管是为了名还是为了利，都既不顺于理，也不明于道。我过去和你在无约面前争论，说：‘小人为财而死，君子为名而死，他们在改变了自己的真性情，更换了自己的本性方面虽说是不同的，但他们在放弃自己所应当做的事而为自己所不应当做的事而死这方面却是相同的。所以我认为：做人不要做小人，而要反对为名利去死而追求顺其自然；也不要勉强做君子，而要顺从自然的规律。不管是曲还是直，合于天道才是标准；面向四方，随时变化。是是非非，保持你圆活的枢机；独立追求遂心愿，乐与天道相周旋。不要一意孤行，不要成仁取义，这将失掉你的本性；不要拼命求富贵，不要以死换成功，那会弄丢你的天性。比干被剖心，伍子胥被挖眼，这是忠诚的祸害；直躬为了举证自己的父亲偷了羊，尾生等待女友被淹死，这是守信用的祸害；鲍焦站立着枯死，申徒狄投河自杀，这是守清廉的祸害；孔子见不到母亲，匡子见不到父亲，这是义的过失。这些事情都是从祖祖辈辈传下来的，还要祖祖辈辈地传下去，以你的标准去做读书人，只能那样说话，必须这样做事，所以才弄得很多人都跟着遭了殃，受了害。”

知士无思虑之变则不乐，辩士无谈说之序则不乐，察士无凌谇①之事则不乐：皆囿于物者也。招世之士兴朝，中民之士荣官，筋力之士矜难，勇敢之士奋患，兵革之士乐战，枯槁之士②宿名③，法律之士广治，礼教之士敬荣，仁义之士贵际。农夫无草莱之事④则不比⑤，商贾无市井之事则不比，庶人有旦暮之业则劝⑥，百工有器械之巧则壮⑦。钱财不积则贪者忧，权势不尤则夸者悲。势物之徒乐变，遭时有所用，不能无为也。此皆顺比⑧于岁，不物于易者也。驰其形性，潜之万物，终身不反⑨，悲夫！

——《庄子·徐无鬼》

【注释】①谇(suì)：责骂。②枯槁之士：即隐士。③宿名：持守名节。宿，守。④草莱之事：即耕种的事。⑤比：和乐。⑥劝：勉力。⑦壮：自夸。⑧顺比：顺从。⑨反：通“返”，返回本性。

【译文】善用智谋的人没有思虑的变换就会感到兴奋不起来，善于辩论的人没有丝丝入扣的辩论对手就会感到兴奋不起来，明察的人如果不找人凌辱责骂一番就会感到兴奋不起来：这都是些局限在外物之中不可自拔的人。上等人才振兴朝政，中等人才只想当官，身强力壮的人以为人排忧解难为自豪，勇敢的人遇事冲锋向前，久经沙场的战士乐于征战，隐于山林的人只想持守名节，讲求法律的人希望推广法治，讲求礼乐的人注重仪表态度，施行仁义的人讲究人际关系。农民没有田种就不能安居乐业，商人没有买卖就不能安居乐业，老百姓每天有些活儿干都会兢兢业业地努力工作，工匠一有器械的技巧就会自夸。贪婪的人积累不起来钱财就会郁郁寡欢，虚荣心强的人权势不大就会感到悲哀，势利小人喜欢变乱。这些人一遇到用武之地的机会是不能无所作为的。这都是些见风使舵，被世俗生活所束缚而不知悔改的人。全身心地投入追逐并且被埋没于外在的世俗生活之中，终身执迷不悟，不知归返人的自然本性，真可悲啊！

肩吾[①]问于孙叔敖[②]曰："子三为令尹[③]而不荣华，三去之而无忧色。吾始也疑子，今视子之鼻间栩栩然，子之用心独奈何？"孙叔敖曰："吾何以过人哉！吾以其来不可却也，其去不可止也。吾以为得失之非我也，而无忧色而已矣。我何以过人哉！且不知其在彼乎？其在我乎？其在彼邪亡[④]乎我，在我邪亡乎彼。方将踌躇[⑤]，方将四顾，何暇至乎人贵人贱哉！"仲尼闻之曰："古之真人，知[⑥]者不得说，美人不得滥[⑦]，盗人不得劫[⑧]，伏戏[⑨]、黄帝不得友。死生亦大矣，而无变乎已，况爵禄乎！若然者，其神经乎大山[10]而无介[11]，入乎渊泉而不濡，处卑细而不惫，充满天地，既以与人，己愈有。”

——《庄子·田子方》

【注释】①肩吾：虚构的人物。②孙叔敖：春秋时楚国人，蒍贾之子，也称蒍敖，曾任楚庄王相，施教导民，经过三个月而使楚国大治。③令尹：春秋战国时楚国最高的官职名称，掌握军政大权。④亡：通“无”。⑤踌躇：悠闲自得的样子。⑥知：通“智”。⑦滥：使他淫乱。⑧劫：威逼。⑨伏戏：即伏羲。⑩大山：即泰山。⑪介：阻碍。

【译文】肩吾问孙叔敖说：“您三次当令尹而无显达自得之意，三次被免职也没有忧戚不快之色。我开始时对此怀疑，现在见您呼吸匀畅，和颜悦色，您心里到底是怎样想的呢？”孙叔敖说：“我哪有什么过人之处啊！让我当令尹我无法推辞，不让我当我也无法阻止。我认识到官位的得与失并不是由我做主的事，这才不再忧戚不快而已。我哪有什么过人之处啊！而且我一直弄不清令尹是别人当好呢，还是我当好。如果是别人当令尹，那免职就是把不属于我的东西拿了去；如果该我当令尹，那么令尹的职位又能跑到哪里去？一旦当了令尹，我正在驻足沉思，只顾考虑各种各样的政事了，哪有时间顾及到富贵贫贱呢？”孔子听后说：“古时候的真人，智者不能说服他，美色不能淫乱他，强盗不能威逼他，伏羲、黄帝这样的帝王也不能笼络亲近他。死生算得上是大事了，也不能使他有所改变，何况是官爵俸禄的得失呢！这样的人，他的精神即使经过泰山也不能阻挡，进入深渊也无法沾湿，身处贫贱也不会感到疲困，充满大地之间，尽数地给予别人，自己反而会更加富有。”

百里奚[①]爵禄不入于心，故饭[②]牛而牛肥，使秦穆公忘其贱，与之政也。有虞氏[③]死生不入于心，故足以动人。

——《庄子·田子方》

【注释】①百里奚：姓孟，字百里奚，本是虞国人，虞国被秦国灭后而归入秦国，以喂牛为生。②饭：饲，喂。③有虞氏：我国远古的部落名，居于蒲阪，在今山西境内，舜为其首领。这里指舜。

【译文】百里奚不把官爵俸禄放在心上，所以养牛而牛肥，使秦穆公忘记了他出身低贱，而将国事交给他处理。舜不把生死放在心上，所以能感动他人。

古之所谓得志者，非轩冕[①]之谓也，谓其无以益其乐而已矣。今之所谓得志者，轩冕之谓也。轩冕在身，非性命也，物之傥来[②]，寄者也。寄之，其来不可圉[③]，其去不可止。故不为轩冕肆志，不为穷约趋俗，其乐彼与此同，故无忧而已矣！今寄去则不乐，由是观之，虽乐，未尝不荒[④]也。故曰：丧己于物，失性于俗者，谓之倒置之民。

——《庄子·缮性》

【注释】①轩冕：高官厚禄。②傥来：偶然而来。③圉：又作“御”，阻挡。④荒：丧失。

【译文】古时所谓得志，不是指高官厚禄，而是指无以复加的愉悦而已。现在人们所说的得志，却是指高官厚禄。荣华富贵在身，并不是真性本命，犹如外物偶然到来，只是临时的寄托。临时寄托的东西，其来不能抵挡，其去也不能阻止。所以不要为了富贵荣华而放纵心志，不要因穷困贫乏而趋附世俗，要说这当中的快乐，富贵荣华与穷困贫乏是相同的，所以没有忧愁罢了。如今寄托之物离去便觉不快，这样看来，即使有过快乐，也未尝不是真性的丧亡。所以说：在物欲中丧失自身，在世俗中失去本性，就叫作本末倒置的人。

举世誉之而不加劝，举世非之而不加沮。定乎内外之分，辨乎荣辱之境，斯已矣。

——《庄子·逍遥游》

【译文】世人都赞誉他，他也不因此更奋进；世人都非议他，他也不会感到沮丧。他能区分内外，辨别荣辱，如此而已。

杨朱曰："行善不以为名，而名从之；名不与利期，而利归之；利不与争期，而争及之：故君子必慎为善。"

——《列子·说符》

【译文】杨朱说："做好事的人不是为了求得好的名声，但名声紧跟着就会到来；名声并不希望获得利益，但利益也就会跟着到来；利益并没有同纷争相约，而纷争却往往自己降临。因此，君子在做一件好事之前，必须慎重考虑。"

生　　死

与物相刃相靡，其行尽[①]如驰，而莫之能止，不亦悲乎！终身役役而不见其成功，苶然[②]疲役而不知其所归，可不哀邪！人谓之不死，奚益！其形化[③]，其心与之然，可不谓大哀乎？

——《庄子·齐物论》

【注释】①行尽：走向死亡。②苶(nié)然：疲倦的样子。③化：衰败。

【译文】与外物相互对应，相互顺应，他们走向死亡如同在奔跑一样，难道不是很悲哀吗？一生忙忙碌碌也不见有什么结果，一辈子劳累困顿而不知道自己的归宿，这不是很可悲的吗？这样的人活着又有什么价值呢？人的形体会渐渐衰老，而人的心灵也随着衰老死亡，这难道不是最大的悲哀吗？

夫大块[①]载我以形，劳我以生，佚[②]我以老，息我以死。故善吾生者，乃所以善吾死也。

——《庄子·大宗师》

【注释】①大块：指大地，也可指造物或自然之道。②佚：安逸。

【译文】自然以形为我的托载，以生为我的劳作，以老为我的闲逸，以死为我的安息。所以，善待我的生，也就是善待我的死。

死生，命也，其有[①]夜旦之常[②]，天也。

——《庄子·大宗师》

【注释】①有：通“犹”。②常：运行不止。

【译文】死和生都是命，就像日夜永恒交替一样，完全出于自然。

（髑髅[1]曰）：“子欲闻死之说[2]乎？”庄子曰：“然。”髑髅曰：“死，无君于上，无臣于下，亦无四时之事，从然[3]以天地为春秋，虽南面王乐，不能过也。”庄子不信，曰：“吾使司命[4]复生子形，为子骨肉肌肤，反子父母、妻子、闾里、知识[5]，子欲之乎？”髑髅深矉[6]蹙頞[7]曰：“吾安能弃南面王乐而复为人间之劳乎！”

——《庄子·至乐》

【注释】①髑髅（dú lóu）：死人的头骨。②说：通“悦”，快乐。③从然：从容自得的样子。④司命：掌管生命之神。⑤知识：指相识的朋友。⑥矉：通“颦”，皱眉头。⑦蹙頞（cù è）：紧皱眉头。

【译文】（骷髅说）：“您愿意听听死人的快乐吗？”庄子说：“可以。”骷髅说：“人死了以后，上面没有君主，下面没有臣属，也没有一年四季的操劳，随便自如地和天地同在，即使是南面为王的快乐，也比不过死人啊。”庄子不相信，说：“我让主管生死的神恢复你的形体，配上你的骨肉肌肤，归还你父母妻子，让你住在原来的村落房舍，让你生前的朋友在一起，你愿意吗？”骷髅深深皱起眉头，现出愁苦的样子说：“我怎能舍弃南面为王的快乐而再去受人间的劳苦呢？”

人生天地之间，若白驹[1]之过郤[2]，忽然而已。注然勃然[3]，莫不出焉；油然漻然[4]，莫不入焉。已化而生，又化而死。生物哀之，人类悲之。解其天弢[5]，堕[6]其天袠[7]，纷乎宛乎[8]，魂魄将往，乃身从之，乃大归乎！不形之形，形之不形，是人之所同知也，非将至之所务也，此众人之所同论也。彼至则不论，论则不至；明见无值[9]，辩不若默。道不可闻，闻不若塞。此之谓大得。

——《庄子·知北游》

【注释】①白驹：骏马。②郤：通"隙"，缝隙。③注然、勃然：都是万物兴起的样子。④油然、漻（liáo）然：都是万物消逝的样子。⑤弢（tāo）：弓袋。⑥堕：解脱。⑦袠（zhì）：通"帙"，书套。⑧纷乎宛乎：解脱变化的样子。⑨值：会遇。

【译文】人生活在天地之间，如同骏马从细小的缝隙前一闪而过一样短暂，忽然之间而已。万物兴起，无不由道而生发出来；万物消逝，也无不消亡于道体之中。已经变化生出的，又变化而死去。生命为其同类之死而悲哀，人类为其亲人之死而伤悲。人的死亡就是解除自然的弓袋，毁坏天然的桎梏，纷纭宛转，精神先消逝，身体也随之消亡，这就是精神与形体同归于太清！从没有形体到有形体，又从有形体变为没有形体，这是人所共知的常识，不是求道之人所努力追求的，却是人人明白并共同议论的话题。那些达于大道的人并不爱议论，爱议论的人也就并没有达于大道；用聪明智能去追求大道恰巧遇不上大道，要想体悟大道，善辩不如沉默。道是不能闻知的，所以闻听不如不听。懂得了这些就叫"大得"。

庄子将死，弟子欲厚葬之。庄子曰："吾以天地为棺椁，以日月为连璧，星辰为珠玑[1]，万物为赍送[2]。吾葬具岂不备邪？何以加此！"

——《庄子·列御寇》

【注释】①珠玑：珍珠。圆的叫珠，不圆的叫玑。②赍（jī）送：持物以送葬，这里指送葬品。

【译文】庄子快要死了，弟子们打算厚葬他。庄子说："我用天地做棺椁，用日月做连璧，用星辰做珍珠，万物都可以成为我的陪葬品。我陪葬的东西难道还不完备吗？哪有比这更厚的葬礼！"

仲尼曰："赐，汝知之矣。人胥[1]知生之乐，未知生之苦；知老之惫，未知老之佚；知死之恶，未知死之息也。晏子[2]曰：'善哉，古之有死也！仁者息焉，不仁者伏焉。'死也者，德[3]之徼[4]也。古者谓死人为归人。夫言死人为归人，则生人为行人矣。行而不知归，失家者也。一人失家，一世非之；天下失家，莫知非焉。"

——《列子·天瑞》

【注释】①胥：皆，都。②晏子：即晏婴，字平仲，春秋时齐国正卿。③德：通"得"。④徼（jiào）：原指巡回，这里引申为归复。

【译文】孔子说："子贡，你很聪明。人人都知道活着的快乐，却不知道活着的忧愁和苦恼；人人都知道年老身体的疲惫，不知道年老的悠闲和安逸；人人都知道死亡的可恶，而不知道死亡是永久的休息。晏子说：'好啊！自古以来就有死亡。对仁者来说死亡是一种休息，对不仁者来说死亡是一种躲藏的方式。'所谓死亡，就是德性的复归。所以，古人称死人为归人。既然称死人为归人，那么活着的人就一定是行人了。出行不知道回归肯定就是一个抛弃家庭的人。一个人抛弃家庭，世上所有的人都会责备他，现在整个天下的人都抛弃家庭，就没有人要去责备了。"

子贡①曰："先生少不勤行，长不竞时②，老无妻子，死期将至，亦有何乐而拾穗行歌乎？"林类③笑曰："吾之所以为乐，人皆有之，而反以为忧。少不勤行，长不竞时，故能寿若此。老无妻子，死期将至，故能乐若此。"子贡曰："寿者人之情④，死者人之恶。子以死为乐，何也？"林类曰："死之与生，一往一反。故死于是者，安知不生于彼？故吾知其不相若矣？吾又安知营营⑤而求生非惑乎？亦又安知吾今之死不愈昔之生乎？"

——《列子·天瑞》

【注释】①子贡：孔子的弟子，姓端木，名赐，春秋时卫国人。②竞时：竞取时运。③林类：春秋时代的隐士，事迹不详。④情：指人的欲望。⑤营营：苦苦谋求的样子。

【译文】子贡说："先生少年时不努力作为，长大后又不争取时运，到老了没有妻子儿女，眼看着死期将要临近，还有什么值得您快乐到一边拾麦穗一边唱歌呢？"林类笑着说："我快乐的原因，人人都有，却反而以它们为忧愁。正因为少年时不努力作为，长大后又不争取时运，所以我才能这样长寿。正因为老来没有妻子儿女，死期也将要临近，所以我才能这样快乐。"子贡说："长寿是人们所向往的，死亡是人们所厌恶的。您以死亡为快乐，为什么呀？”林类说：“死亡与生存，恰如一去一回。所以在这里死去的，又怎么知道不会在另一个地方诞生？所以又怎么知道生和死不是相等的呢？我又怎么知道苦苦谋求生存不是一种糊涂呢？而且我又怎么知道我今天的死不胜过往昔的生呢？”

人自生至终，大化有四：婴孩也，少壮也，老耄[①]也，死亡也。其在婴孩，气专志一，和之至也；物不伤焉，德莫加焉。其在少壮，则血气飘溢，欲虑充起；物所攻焉，德故衰焉。其在老耄，则欲虑柔焉；体将休焉，物莫先焉；虽未及婴孩之全，方[②]于少壮，闲[③]矣。其在死亡也，则之于息焉，反其极[④]矣。

——《列子·天瑞》

【注释】①耄(mào)：年老，古代称八九十岁为“耄”。②方：比。③闲：安稳，娴静。④极：尽端，指自然的本原。

【译文】人从出生到死亡，大的变化阶段共有四个：婴孩，少壮，年老，死亡。人在婴孩阶段，神气专注，意志专一，最为和谐；外物不能伤害他，德行无须再添加。在少壮阶段，血气飘浮横溢，各种欲望与思虑充盈体内；外物便来侵扰他，所以德行便衰退了。在老年阶段，欲望与思虑渐渐消退；身体即将安息，外物不再与他争先；虽然还比不上婴孩时的完备，但与少壮时相比，却称得上安稳娴静了。人在死亡阶段，就到了完全安息的时候，复归于自然的本原。

可以生而生，天福也；可以死而死，天福也。可以生而不生，天罚也；可以死而不死，天罚也。可以生，可以死，得生得死有矣；不可以生，不可以死，或死或生，有矣。然而生生死死，非物非我，皆命也。智之所无奈何。故曰，窈然[1]无际，天道自会；漠然无分，天道自运。

——《列子·力命》

【注释】①窈（yǎo）然：幽远的样子。

【译文】应当生存而得到生存，是上天赐予的福分；应当死亡而得到死亡，也是上天赐予的福分。应当生存而不能生存，这是上天给予的惩罚；应当死亡而不能死亡，这也是上天给予的惩罚。应当生存，应当死亡，而得到相应的生存与死亡，这种情形是存在的；不应当生存，不应当死亡，却不相应地死去或生存，这种情形也是存在的。然而生生死死，并非听凭外物或任由己愿，而都是天命所定。人类的智力对它无可奈何。所以说，幽远深邃、无边无际的天道是自行融会的；寂静淡漠、没有分际的天道是独立运转的。

生非贵之所能存，身非爱之所能厚；生亦非贱之所能夭，身亦非轻之所能薄。故贵之或不生，贱之或不死；爱之或不厚，轻之或不薄。此似反也，非反也；此自生自死，自厚自薄。或贵之而生，或贱之而死；或爱之而厚，或轻之而薄。此似顺也，非顺也；此亦自生自死，自厚自薄。鬻熊[1]语文王曰："自长非所增，自短非所损。算之所亡若何？"老聃语关尹[2]曰："天之所恶，孰知其故？"言迎天意，揣利害，不如其已。

——《列子·力命》

【注释】①鬻(yù)熊:周文王时人,相传为楚国的祖先。②关尹:春秋时人,为早期道家代表人物之一。

【译文】生命并非珍惜它就能长存,身体并非爱护它就能强壮;生命也并非贱待它就会夭亡,身体也并非轻视它就会虚弱。所以珍惜生命或许不得生存,贱待生命或许不会死亡;爱护身体或许不得强壮,轻视身体或许不会虚弱。这前因后果看似相悖,却并没有相悖;它不过是自然地生自然地死,自然地强壮自然地虚弱。生命或许因为珍惜它而得以长存,或许因为贱待它而死亡;身体或许因为爱护它而得以强壮,或许因为轻视它而变得虚弱。这前因后果看似互相顺应,却并没有互相顺应;它也只是自然地生自然地死,自然地强壮自然地虚弱。鬻熊对文王说:"自然要变长的并非是由于外力的增加,自然要变短的并非是由于外力的减损。人的智谋对此又有什么办法呢?"老聃对关尹说:"天所厌恶的,谁又知道其中的缘故呢?"意思就是说与其迎合天意,揣摩利害,还不如任其自然,尽早罢手。

齐景公[①]游于牛山[②],北临其国城而流涕曰:"美哉国乎!郁郁芊芊,若何滴滴[③]去此国而死乎?使古无死者,寡人将去斯而之何?"史孔、梁丘据[④]皆从而泣曰:"臣赖君之赐,疏食[⑤]恶肉可得而食,驽马棱车[⑥]可得而乘也,且犹不欲死,而况吾君乎?"晏子独笑于旁。公雪[⑦]涕而顾晏子曰:

"寡人今日之游悲，孔与据皆从寡人而泣，子之独笑，何也？"晏子对曰："使贤者常守之，则太公[8]、桓公[9]将常守之矣；使有勇者而常守之，则庄公[10]、灵公[11]将常守之矣。数君者将守之，吾君方将被蓑笠而立乎畎亩[12]之中，唯事之恤，行假[13]念死乎？则吾君又安得此位而立焉？以其迭处之迭去之，至于君也，而独为之流涕，是不仁也。见不仁之君，见谄谀之臣。臣见此二者，臣之所谓独窃笑也。"景公惭焉，举觞[14]自罚。罚二臣者各二觞焉。

——《列子·力命》

【注释】①齐景公：春秋时齐国国君，名杵臼。②牛山：山名，在今山东省淄博市东北。③滴滴：或作"滂滂"，流荡的样子。这里指时光飞逝，生命如江河日下。④史孔、梁丘据：人名，两人都是齐景公的大臣。⑤疏食：粗糙的粮食。一说，菜食，即素食。⑥棱车：当为"栈车"之误。栈车，古代用竹木编成的简陋车子。⑦雪：擦，拭。⑧太公：即姜太公，周代齐国的始祖。姓姜，吕氏，名望，字尚父，一说，字子牙。⑨桓公：即齐桓公。⑩庄公：即齐庄公，名光，齐灵公之子。⑪灵公：即齐灵公，名环，曾攻灭莱国，扩展疆土。⑫畎(quǎn)亩：田地。畎，田间小沟。⑬行假：当作"何暇"。⑭觞(shāng)：古代喝酒的酒器。

【译文】齐景公在牛山游览时，向北眺望他的国都而感慨落泪："多么美好的国家啊！草木丰茂，郁郁葱葱，可为什么生命匆匆流逝。我总有一天要离开这片国土而孤独地死去呢？假使自古以来就没有死亡这回事，我难道还会离开这儿到别处去吗？"大臣史孔、梁丘据都跟着齐景公流泪说："臣等仰仗君主恩赐，有粗陋的饭食可吃，有劣马栈车可乘，尚且不愿死去，更何况是我们的国君您呢！"晏子却独自在一旁发笑。齐景公擦干眼泪，回过头来对晏子说："我今天登临游览，触景伤情，史孔、梁丘据都跟着我哭泣，而你却独自发笑，为什么啊？"晏子答道："假使让贤明的君主恒久地统治齐国，那么太公、桓公将会恒久地统治这个国家；假使让英勇的君主恒久地统治齐国，那么庄公、灵公将会恒久地统治这个国家。如果这几位国君永远统治着齐国，那么国君您就只能披着蓑衣、戴着斗笠，站在田野之中，只顾为农事收成担忧，哪里还会像现在有空暇来担忧死亡的问题呢？而且您又从哪儿继承王位得以成为今天的国君呢？正是因为历代国王相继登基又相继逝世，才轮到您呀！现在您却单单为一己的生死而落泪，这是没有仁德的表现。看见没有仁德的君王，又看见阿谀谄媚的大臣。我看见这样两种人，所以才独自暗暗发笑。"齐景公为此感到十分惭愧，举起酒杯自己罚酒。同时也罚史孔、梁丘据两位大臣各饮两杯。

孟孙阳[①]问杨朱[②]曰："有人于此，贵生爱身，以蕲[③]不死，可乎？"曰："理无不死。""以蕲久生，可乎？"曰："理无久生。生非贵之所能存，身非爱之所能厚。且久生奚为？五情好恶，古犹今也；四体安危，古犹今也；世事苦乐，古犹今也；交易治乱，古犹今也。既闻之矣，既见之矣，既更之矣，百年犹厌其多，况久生之苦也乎？"孟孙阳曰："若然，速亡愈于久生，则践锋刃，入汤火，得所志矣。"杨子曰："不然。既生，则废而任之，究其所欲，以俟于死。将死，则废而任之，究其所之，以放于尽。无不废，无不任，何遽[4]迟速于其间乎？”

——《列子·杨朱》

【注释】①孟孙阳：杨朱的弟子。②杨朱：先秦哲学家，战国时期魏国人。③蕲（qí）：通“祈”，祈求。④遽（jù）：惶恐。

【译文】孟孙阳问杨朱：“假使有这么个人，珍惜自己的生命爱护自己的身体，以祈求不死，可能吗？”杨朱答道：“按道理人没有不死的。”孟孙阳又问：“以此来祈求长生，可能吗？”杨朱答道：“按道理人不可能长生不老。生命并非是珍惜它就能长存的，身体也不是爱护它就能强壮起来的。况且要长生干什么？人们的喜怒哀乐怨，古代和现代是一样的；身体的安危，古代和现代是一样的；世事的悲欢，古代和现代是一样的；社会的变革治乱，古代和现代是一样的。既然已经听说过了，已经见识过了，已经经历过了，活上一百年尚且嫌它太多，何况长久地活下去该有多痛苦？”孟孙阳说：“如果这样，倒是快点儿死比长寿更好，那么去触碰刀锋斧刃，投进沸水烈火，就可以满足心愿了。”杨朱说：“不是的。既然已经活着，不如听之任之，尽量满足所有的欲望，以等候死亡的到来。即将死亡的时候，也要听之任之，让生命愿意去哪儿就去哪儿，直到生命终结。没有什么舍弃不下的，也没有什么不能放任的，何苦为生死之间的迟缓或迅疾而惶恐担忧呢？”

杨朱曰：“古语有之：‘生相怜，死相捐。’此语至矣。相怜之道，非唯情也；勤能使逸，饥能使饱，寒能使温，穷能使达也。相捐之道，非不相哀也；不含珠玉，不服文锦，不陈牺牲，不设明器①也。晏平仲②问养生于管夷吾③。管夷吾曰：'肆之而已，勿壅勿阏。'晏平仲曰：'其目④奈何？'夷吾曰：'恣耳之所欲听，恣目之所欲视，恣鼻之所欲向，恣口之所欲言，恣体之所欲安，恣意之所欲行。夫耳之所欲闻者音声，而不得听，谓之阏聪；目之所欲见者美色，而不得视，谓之阏明；鼻之所欲向者椒兰，而不得嗅，谓之阏膻⑤；口之所欲道者是非，而不得言，谓之阏智；体之所欲安者美厚，而不得从，谓之阏适；意之所欲为者放逸，而不得行，谓之阏性。凡此诸瘀，废虐之主。去废虐之主，熙熙然以俟死，一日、一月、一年、十年，吾所谓养。拘此废虐之主，录⑥而不舍，戚戚然以至久生，百年、千年、万年，非吾所谓养。'管夷吾曰：'吾既告子养生矣，送死奈何？'晏平仲曰：'送死略矣，将何以告焉？'管夷吾曰：'吾固欲闻之。'平仲曰：'既死，岂在我哉？焚之亦可，沉之亦可，瘗⑦之亦可，露之亦可，衣薪而弃诸沟壑亦可，衮衣⑧绣裳而纳诸石椁亦可，唯所遇焉。'管夷吾顾谓鲍叔⑨、黄子⑩曰：'生死之道，吾二人进⑪之矣。'"

——《列子·杨朱》

【注释】①明器：即"冥器"，专为随葬而制作的器物。一般用陶或木、石制成。②晏平仲：即晏婴。③管夷吾：即管仲，春秋时期政治家、军事家。④目：细目，具体情况。⑤膻（shān）：鼻通能辨别气味。⑥录：检束，约束。⑦瘗（yì）：埋葬。⑧衮（gǔn）衣：古代帝王及上公的礼服。⑨鲍叔：即鲍叔牙，春秋时齐国大夫。⑩黄子：齐国大臣，与管仲同时。⑪进：通

“尽”，通透，彻底。

【译文】杨朱说：“古时候有句话说：‘活着的时候互相怜爱，死去以后捐弃释怀。’这话真是有道理啊。相互怜爱的途径，不仅仅是动之以情；还要让勤苦的人得享安逸，让饥饿的人得到饱餐，寒冷的时候给他温暖，穷困的时候使他显达。相互捐弃的途径，并非是不为死者哀伤；而是不让死者口中衔含珍珠美玉，不在死者身上穿着锦衣华服，不在灵前陈设祭祀供品，不在坟内埋置殉葬冥器。晏平仲向管夷吾询问养生之道。管夷吾说：‘不过是肆意放纵自己的欲望罢了，不要去堵塞它，不要去遏制它。’晏平仲问：‘具体有哪些细则？’管夷吾说：‘放任耳朵想听什么就听什么，放任眼睛想看什么就看什么，放任鼻子想闻什么就闻什么，放任嘴巴想说什么就说什么，放任身体想怎么舒服就怎么舒服，放任意念想怎么做就怎么做。耳朵想要听的是美妙的声音，却不让听，这就叫作遏制听觉的灵敏；眼睛想要看的是美好的姿色，却不让看，这就叫作遏制视觉的明锐；鼻子想要闻的是香料香花的味道，却不让闻，这就叫作遏制嗅觉的审辨；嘴巴想说的是人间的是是非非，却不让说，这就叫作遏制头脑的智慧；身体想要享受的是锦衣玉食，却不让得到，这就叫作遏制人身的安乐；意念想做的是放纵逸乐，却不让做，这就叫作遏制天性的本真。凡此种种遏制，都是残害身心的主要因素。摒除这些残害身心的根本原因，欢欢喜喜一直到死，哪怕只活上一天、一月、一年、十年，也算是我所谓的养生。拘泥在这些残害身心的事情里，甘愿受束缚也不加以摒弃，悲悲戚戚地活上很久，哪怕是一百年、一千年、一万年，也不算是我所谓的养生。'管夷吾说完，反问道：'我既然告诉了你养生之道，那么你说给死人送葬又该如何呢？'晏平仲说：'送葬就简单了，有什么可以说的呢？'管夷吾说：'我就是想听一听。'晏平仲说：'人都死了，还由得了他自己吗？把尸体焚化也可以，沉入水中也可以，埋到地里也可以，抛在露天也可以，裹上柴草丢到沟里也可以，穿上锦衣绣服安置到石棺里也可以，遇上什么就是什么了。'管夷吾听完，回头对鲍叔、黄子说：'养生之道与送死之道，我和晏子算是彻底领悟了。'"

是非利害

烈士为天下见善矣，未足以活身。吾未知善之诚善邪，诚不善邪？若以为善矣，不足活身；以为不善矣，足以活人。

——《庄子·至乐》

【译文】壮烈之士为天下人所称道，却不能使自身生命得以保存。我真不知道这种所谓的善到底是善呢，还是不善呢？如果认为是善，却连自身都不能保全；如果认为不善，它的确是又成全了他人。

孔子问子桑雽[①]曰："吾再逐于鲁，伐树于宋，削迹于卫，穷于商周，围于陈蔡之间。吾犯此数患，亲交益疏，徒友益散，何与？"子桑雽曰："子独不闻假[②]人之亡与？林回[③]弃千金之璧，负赤子[④]而趋。或曰：'为其布[⑤]与？赤子之布寡矣。为其累与？赤子之累多矣。弃千金之璧，负赤子而趋，何也？'林回曰：'彼以利合，此以天属[⑥]也。'夫以利合者，迫穷祸患害相弃也；以天属者，迫穷祸患害相收也。夫相收之与相弃亦远矣。且君子之交淡若水，小人之交甘若醴⑦；君子淡以亲，小人甘以绝。彼无故以合者，则无故以离。”孔子曰：“敬闻命矣！”

——《庄子·山木》

【注释】①子桑雽（hù）：姓桑，名雽，隐士。②假：国名。③林回：假国逃民之一。④赤子：婴儿。⑤布：古代钱币。⑥属：连接，相连。⑦醴（lǐ）：甜酒。

【译文】孔子问子桑雽说：“我两次被鲁国驱逐，在宋国连个树荫都不让我遮挡太阳，卫国拒绝我入境，在商周也受了不少的穷困，在陈国和蔡国之间时甚至被包围了起来。我遭遇到这么多的艰难险阻却从来不放弃，亲朋好友却越来越疏远我，学生们也不断地离我而去，这是为什么呢？”子桑雽说：“您难道没有听说假国人逃亡的故事吗？有一位名叫林回的人在逃亡时，他放弃了价值千金的玉璧，却背着个婴儿往前跑。有人就分析说：‘你说他是为了钱吧，一个小孩子也卖不了几个钱。你说他是怕玉璧沉重吧，一个孩子可要比玉璧重得多了。舍弃价值千金的玉璧，背着个婴儿逃难，这到底是为了什么呢？’林回说：‘你的分析是以利益为基础的，而我这样做却是以人的天性为基础的。’以利益为基础而结合到一起的人，一遇到穷困灾祸危难就相互抛弃了；以天性为基础走到一起的人，遭遇到穷困灾祸危难却可以相互地帮助和接纳。相互接纳与相互遗弃之间是相距甚远的。况且，君子之间的交往淡得像水一样，小人之间的交往甜得像甜酒一样；君子淡泊而相互亲近，小人亲密易断交。

那些无缘无故地走到一起去的人，也会无缘无故地分离。”孔子说：“敬听您的教诲！”

庄子曰：“射者非前期[1]而中，谓之善射，天下皆羿也，可乎？”惠子[2]曰：“可。”庄子曰：“天下非有公是[3]也，而各是其所是，天下皆尧也，可乎？”惠子曰：“可。”

——《庄子·徐无鬼》

【注释】①前期：预定目标。②惠子：即惠施，宋国人，战国中期著名哲学家、辩客。③公是：公理，标准。

【译文】庄子说：“如果有一个箭手不设预定的目标而说射到哪里哪里就是靶，我们就称他为善射，那就可以把全天下的人都称为后羿般的神射了，可以这样说吗？”惠施说：“可以。”庄子说：“如果天下没有共同认可的标准，而各自以自己的标准来评价自己，那么天下的人也就都成了尧那样的圣人了，可以这样说吗？”惠施说：“可以。”

亲父不为其子媒。亲父誉之，不若非其父者也；非吾[1]罪也，人之罪也。与己同则应，不与己同则反；同于己为[2]是之，异于己为非之。

——《庄子·寓言》

【注释】①吾：指父亲。②为：就。

【译文】父亲不能为自己的儿子做媒人。父亲称赞儿子，总不如让别人称赞更加令人信服；别人说得不准确，那就不再是父亲的过错，而是别人的过错了。和自己的意见相同就随声应和，和自己的意见不同就反驳；和自己的意见一致就肯定，和自己的意见不同就否定它。

有人之形，无人之情。有人之形，故群于人；无人之情，故是非不得于身。眇[①]乎小哉，所以属于人也；謷[②]乎大哉，独成其天。

——《庄子·德充符》

【注释】①眇：渺小。②謷（áo）：高大的样子。

【译文】有人的形体而没有人的情感。有人的形体，所以与人结成群体；没有人的情感，所以他的身上便没有好恶是非。渺小呀，与人同类；伟大呀，与自然同体。

秦人逢[①]氏有子，少而惠，及壮而有迷罔之疾[②]。闻歌以为哭，视白以为黑，飨[③]香以为朽[④]，尝甘以为苦，行非以为是：意之所之，天地、四方、水火、寒暑，无不倒错者焉。杨氏告其父曰："鲁之君子多术艺，将能已乎？汝奚不访焉？"其父之鲁，过陈，遇老聃，因告其子之证[⑤]。老聃曰："汝庸知汝子之迷乎？今天下之人皆惑于是非，昏于利害。同疾者多，固莫有觉者。且一身之迷不足倾[⑥]一家，一家之迷不足倾一乡，一乡之迷不足倾一国，一国之迷不足倾天下。天下尽迷，孰倾之哉？向使天下之人其心尽如汝子，汝则反迷矣。哀乐、声色、臭味、是非，孰能正之？且吾之此言未必非迷，而况鲁之君子迷之邮[⑦]者，焉能解人之迷哉？荣汝之粮，不若遄[⑧]归也。"

——《列子·周穆王》

【注释】①逢：姓。②迷罔之疾：一种精神错乱、精神失常的疾病。③飨：指请人享受。专指以酒食款待客人。④朽：通"臭"，臭味。⑤证：通"症"，病症。⑥倾：倾覆。⑦邮：通"尤"，尤其。⑧遄（chuán）：迅速，赶快。

【译文】秦国逢家有个儿子，小时候非常聪明，长大后得了一种精神错乱的疾病。听见唱歌以为是在哭，看见白色以为是黑色，闻到香味觉得臭，尝到甘甜以为是苦涩，做了错事以为是对的：凡是他能想到的，如天上地下、四面八方、水火五行、寒暑四季，没有一样不是错乱颠倒的。一个姓杨的朋友告诉他的父亲说："鲁国人多才多艺，其中或许有医术高明的医生能治好你儿子的病，怎么不去访求一下呢？"他的父亲到鲁国去，途经陈国，碰到了老子，闲谈中把儿子的病告诉了他。老子听了以后说："只是他的看法跟别人不一样，你怎么能说是你儿子精神错乱呢？现在，天下的人都对是非感到迷惑，被利害弄得晕头转向。天下患这种病的人到处都是，只是没有人察觉到。一个人迷乱不足以倾覆一家，一家人迷乱不足以倾覆一乡，一乡人迷乱不足以倾覆一国，一国人迷乱不足以倾覆整个天下。如果天下人全都迷乱，那么还有什么可倾覆的呢？假如天下人的心思都像你儿子那样，那么你不是反而成了精神错乱了吗？哀乐、声色、味道、是非，谁能够分辨清楚呢？而且我说的这些话就未必不是错乱的话，更何况鲁国那些君子精神尤其错乱，他们哪里会医治别人的精神错乱呢？带上你的干粮，赶快回家去吧！"

子列子学也，三年之后，心不敢念是非，口不敢言利害，始得老商[1]一眄[2]而已。五年之后，心更念是非，口更言利害，老商始一解颜而笑。七年之后，从[3]心之所念，更无是非；从口之所言，更无利害，夫子始一引吾并席而座。九年之后，横[4]心之所念，横口之所言，亦不知我之是非利害欤，亦不知彼之是非利害欤，外内进矣。而后眼如耳，耳如鼻，鼻如口，口无不同。心凝形释，骨肉都融；不觉形之所倚，足之所履，心之所念，言之所藏。如斯而已。则理无所隐矣。

——《列子·仲尼》

【注释】①老商：即老商氏，传说为列子的老师之一。②眄（miàn）：斜着眼睛看。③从（zòng）：放纵。④横（hèng）：放任，任凭。

【译文】列子到老商氏那里去学习，三年之后，心里不敢有是非，嘴里不敢说利害得失，老商氏这才斜眼看了他一眼。五年之后，心里更加不敢想是非，口里更加不敢说利害，做到表里如一，心口一致，老商氏这才冲他一笑。七年之后，任凭心里怎样去想，都不会有是非；任凭嘴里怎样去说，从来不会涉及个人的利害得失，老商氏这才允许同他坐在一张席子上。九年之后，即使放纵自己的思想，放纵自己的言谈，也不知道是自己的是非利害，也不知道是他人的是非利害，身心内外完全融合于大道了。从此，眼睛和耳朵的作用一样，耳朵同鼻子的作用一样，鼻子和嘴巴的作用一样，嘴巴没有什么特殊的作用。心思凝结，形体消释，骨肉相互融合；不再感到身体有所倚恃，双足有所踩踏，心头有所惦念，言语有所包藏。就是这种情况罢了。于是一切道理也就明明白白的了。

龙叔[①]谓文挚[②]曰："子之术微[③]矣。吾有疾，子能已乎？"文挚曰："唯命所听。然先言子所病之证[④]。"龙叔曰："吾乡誉不以为荣，国毁不以为辱；得而不喜，失而弗忧；视生如死，视富如贫；视人如豕，视吾如人。处吾之家，如逆旅之舍；观吾之乡，如戎蛮之国[⑤]。凡此众疾，爵赏不能劝，刑罚不能威，盛衰、利害不能易，哀乐不能移。固不可事国君，交亲友，御妻子，制仆隶。此奚疾哉？奚方能已之乎？"文挚乃命龙叔背明而立，文挚自后向明而望之，既而曰："嘻！吾见子之心矣：方寸之地虚矣。几圣人也！子心六孔流通，一孔不达。今以圣智为疾者，或由此乎！非吾浅术所能已也。"

——《列子·仲尼》

【注释】①龙叔：相传为春秋末年宋国隐士名，提倡摒弃私欲而能忘我的有道之士。②文挚：春秋时著名医生，曾为齐威王或齐文王治病。③微：幽深，玄妙。这里指医术。④证：通"症"，症候。⑤戎蛮之国：泛指落后荒蛮的偏远国家。戎蛮，古代称西方和南方在边远地区生活的少数民族。

【译文】龙叔对文挚说："您的医术是很高明的。我现在得了一种疾病，您能治愈吗？"文挚说："一切照您的安排去做。不过您得先给我说一下您的症状。"龙叔说："我受到乡人的夸奖，不觉得这是一种荣耀；受到举国的诋毁，不觉得这是一种耻辱；生活中得到好处，心里不知道高兴；平时受到损害，感情上不觉得悲伤；以为活着同死去差不了多少，把富贵和贫穷看成一个样；觉得人和动物如猪狗没有什么差别，分不清什么是自己和他人。居住在自己家里，如同住在旅舍没有什么不同；看待我的家乡，如同看待边远的蛮荒之国一样。这些病状顽固而难治，封赏爵禄不能将其劝止，施以酷刑不能将其威吓，盛衰利害不能将其改变，悲哀欢乐不能将其改移。所以我上不能侍奉国君，下不能交接亲友，内不能指挥妻子、儿女，外不能使唤仆人和奴隶。请问这是什么病？有什么药方可以医治呢？”文挚让龙叔背向光亮站着，他从背后向着光亮处张望，过了一会儿，说：“嘻，我看到您的心了：您的心虚静，差不多就是圣人了。您的心有七孔，其中六个通达，只有一孔有些滞塞。现在，您把圣人的心智当作疾病看待，或许是这个原因吧！您的疾病，不是我这种医术浅陋的人所能医治好的！”

第三章　治世方策

治　　国

太上[1]，下[2]知有之；其次[3]，亲而誉之；其次，畏之；其次，侮之。信不足焉，有不信焉！悠兮，其贵言[4]。功成事遂，百姓皆谓“我自然”。

——《老子·十七章》

【注释】①太上：指最好的世代君主。②下：民众，百姓。③其次：等而下之。④贵言：不轻易说话，可引申为君主、统治者说话慎重，而不轻易发号施令。

【译文】最好的世代君主，百姓只知道有君王而已；次一等的君王，百姓往往亲近他们，称誉他们；再次的君王，百姓往往畏惧而服从于他们；而更次的君王，则往往被百姓所侮慢轻蔑。正是因为君王的诚信缺失了，于是百姓对他们的信任也就没有了。可见那“无为不言”是多么高妙啊！其意义是多么深远啊！事情办好了，功业实现了，百姓都说“我原本就自然如此”。

大道废，有仁义；慧智出，有大伪；六亲不和，有孝慈；国家昏乱，有忠臣。

——《老子·十八章》

【译文】当顺乎自然的大道废止不通的时候，于是便有人提出“仁义”之说；当社会上的人竞相玩弄聪明才智，绞尽脑汁以追求私利的时候，于是君王行私智以乱国，大臣弄私智而篡权，致使君臣上下妄作非为而诈伪横生；当人人自私自利而使夫妻、父子、兄弟之间失去亲爱和谐的时候，就有人提倡父慈子孝之说，以表彰孝敬慈爱之事而成全六亲相和之义；当君臣各自为了私利而明争暗斗，致使家国陷于昏乱的时候，又有人提倡忠贞之义，以表彰百官中那些守正无私、忠心为国的大臣。

绝圣弃智，民利百倍；绝仁弃义，民复孝慈；绝巧弃利，盗贼无有。此三者以为文①，不足，故令有所属：见素②抱朴③，少私寡欲，绝学无忧。

——《老子·十九章》

【注释】①文：文治法度。②素：不染色的丝。③朴：未经加工的木头。

【译文】君王若能弃置自己的聪明智慧不用而清静无为，就会使百姓获得百倍的利益；君王若能废止所谓仁义之说而无私无欲，就会使百姓重新复归其天然纯真、慈爱和顺的本性；君王若能禁绝那些机巧技能之事和财货私利之物，就会使盗贼绝迹而实现社会安定。以上三句话虽然很重要，但把它们作为警句则还不够精彩，所以就让它们有所归属。以显示其宗旨：既要守持其纯真的本质，又要显现出朴素的外象，使内外一致，以保持其原始的质朴；既要抑制减少其私心，又要禁绝止息其贪欲，使无私无欲，以保持其天然的纯真；既要废弃仿效学习那些机巧技艺之能，又要停止冥思苦想那些机巧私利之事，使绝巧弃利，以保持其淳厚的本性。

道常无名，朴虽小，天下莫能臣[1]。侯王若能守之，万物将自宾[2]。天地相合，以降甘露，民莫之令而自均。始制有名，名亦既有，夫亦将知止，知止可以不殆。譬道之在天下，犹川谷之于江海。

——《老子·三十二章》

【注释】①臣：服从。②宾：归附。

【译文】“道”总是那样幽微玄妙而不可称其名，就如同那具备万物之质的朴木一样，虽然它看似幽微渺小，但天下万物却没有谁能够役使它、支配它。诸侯君王如果能够守道而行，无欲无为而顺其自然，那世间万物就会自然而然地服从于他们。天地间就会阴阳相和而风调雨顺，百姓就会没有谁去命令他们却和谐安乐。而从创设制度开始，也就有了相应的名称得以确立，百官也就明确了各自的职任权限，履行自己的职责而不做越轨之事，万事万物就会畅通调理而没有危殆。如果比喻“道”在天下的情形，那就好像河川溪谷之水汇入大江大海一样，天下万物也都归往汇集于“道”。

道常无为而无不为。侯王若能守之，万物将自化。化而欲作，吾将镇之以无名之朴[1]。镇之以无名之朴，夫[2]亦将不欲。不欲以静，天下将自定。

——《老子·三十七章》

【注释】①无名之朴:指道。②夫:指人。

【译文】“道”总是顺乎自然而无欲无为的,但同时又是无所不为的。诸侯君王如果能够循守大道,百姓就将自然而然地顺从教化而和谐安定,实现大治。而在达成天下大治时,君王或者会归功于自己而产生私心贪欲,于是我就要用无形无名的“道”来镇伏它。用“道”来镇伏这贪欲私心,就将会无私无欲而虚静无为。无私无欲而虚静无为,就能自然而然地实现天下的和谐安定。

朝甚除①,田甚芜,仓甚虚。服文綵②,带利剑,厌饮食,财货有余。是为盗夸。非道也哉!

——《老子·五十三章》

【注释】①除:整洁。②綵:通“彩”。

【译文】朝廷之上过于整洁华丽,君主为了满足私欲而兴修宫室;农田之中则杂草丛生,一片荒芜;仓库之内又钱粮皆无,极其空虚。而人们却总是身穿着花纹精美、色彩艳丽的衣服,腰间挎着锋利闪亮的刀剑,终日饱食着山珍海味、美味佳肴,家中的钱财宝货则堆积如山。这些都是盗世夸名。这样根本就不符合于“道”!

天下多忌讳①,而民弥贫;民多利器②,国家滋昏;人多伎③巧,奇物④

滋起；法令滋彰，盗贼多有。故圣人云："我无为，而民自化；我好静，而民自正；我无事，而民自富；我无欲，而民自朴。"

——《老子·五十七章》

【注释】①忌讳：不许做、不许说，即禁令。②利器：器械。③伎：通"技"，指技巧、智巧。④奇物：邪奇的事物。

【译文】因为天下的禁忌避讳之事越多，对人们日常生活的影响也就越大，百姓也就愈加贫困；百姓越是追求器械的先进，营私逐利之事也就越严重，国家也就愈加昏乱；人们越是有智能技巧，所制作的淫邪奇怪的东西也就越多，就会引发人们更大的私欲；君王制定的法律越明确，对百姓的剥削压迫也就越厉害，那奋起反抗的所谓"盗贼"也就会出现得越多。所以明道之君曾这样说过："我能够无欲无为，百姓自然而然就会和谐安定；我喜好虚静不争，百姓自然而然就会纯正无邪；我能够无私无欲，百姓自然而然就会生活富裕；我能够做别人所不愿做的事情，即柔弱处下无为不言，百姓自然而然就会淳厚质朴。"

民之饥，以其上①食税②之多，是以饥。民之难治，以其上之有为③，是以难治。民之轻死，以其上求生之厚，是以轻死。

——《老子·七十五章》

【注释】①上：统治者，君王。②食税：指统治者以收税以满足自己奢侈生活的需要，如同取食物从而为自己提供营养一样，所以称"食税"。③有为：政令烦苛，强作妄为。

【译文】百姓遭受饥饿而不得饱食，是由于统治者为了满足自己奢侈生活的需要而收税太多，因此才使得粮食缺乏而使百姓生活陷于饥饿困苦。百姓之所以难以统治，是由于君王不能循守无为不言之道，反而自贤自用、行私逞欲，因此导致了百姓的难以统治而导致社会混乱。百姓之所以不怕死而反叛作乱，是因为君王的剥削过重迫使他们饥寒难耐而生存无望，即使要求自己生活的稍微富足一点儿也不得实现，所以就铤而走险，不怕死而造反。

小国寡民。使有什伯之器[①]而不用；使民重死而不远徙；虽有舟舆无所乘之，虽有甲兵无所陈[②]之。使民复结绳[③]而用之，甘其食，美其服，安其居，乐其俗。邻国相望，鸡犬之声相闻，民至老死，不相往来。

——《老子·八十章》

【注释】①什伯之器：各种器具。②陈：通“阵”，指列开阵势。③结绳：指古代文字没有形成前的结绳记事，最初只用绳结来记物的数量，后来也能表示物的性质。

【译文】太古时期，处于一种“小国寡民”的状态。那些部族群落中生活的百姓，假使有十倍甚至百倍于人力的工作效能的器具，也没有谁去使用它；假使环境极为恶劣甚至让百姓无法生存下去，以至于经常遭受死亡的威胁，他们也不愿意迁徙他乡；即使有便利的舟船车辆，也没有谁去乘坐它；即使有坚固锐利的甲胄兵器，也没有谁去使用它。假使让百姓再回到结绳记事的原始状态下生活，他们也会满足于自己的粗淡饮食而以为非常甘美，喜爱自己用兽皮和草做的衣服而以为特别华丽，安居于自己的石室草屋而无忧无虑，享乐于自己质朴的生活习俗而非常欢喜。他们乐天知命地过着自己的生活，邻近的部族互相间都可以望见，鸡鸣狗吠的声音互相间也能够听见，他们却直到老死也不会为求得利益而相互往来，更不用说发动攻城掠地的战争了。

长梧封人[①]问子牢[②]曰："君为政焉勿卤莽[③]，治民焉勿灭裂[④]。昔予为禾，耕而卤莽之，则其实亦卤莽而报予；芸而灭裂之，其实亦灭裂而报予。予来年变齐[⑤]，深其耕而熟耰[⑥]之，其禾蘩[⑦]以滋[⑧]，予终年厌飧[⑨]。"

——《庄子·则阳》

【注释】①长梧封人：即长梧子。长梧，地名。封人，守封疆的人。②子牢：姓琴，孔子弟子，为宋国卿士。③卤莽：粗疏。④灭裂：草率。⑤变齐：更变方法。齐，通"剂"。⑥耰（yōu）：除草。⑦蘩：也作"繁"，繁茂。⑧滋：颗粒饱满。⑨厌飧（sūn）：饱食。

【译文】长梧封人对子牢说："你处理政务不要鲁莽，治理百姓不要乱来。过去我种庄稼，耕作时鲁莽草率，它长出的果实也就又少又稗，这也就反过来报复了我；除草的时候随意乱来，它长出的果实也就乱七八糟的样子，这也就反过来报复了我。我第二年改变方法，深耕细作，禾苗繁盛，子饱粒大，我也就一年到头能够吃得上饱饭了。"

夫为天下者，亦奚以异乎牧马者哉！亦去其害马者而已矣！

——《庄子·徐无鬼》

【译文】治理天下，和放马有什么不同呢？不过是除去那些害群之马罢了！

以德分人谓之圣；以才分人谓之贤。以贤临人，未有得人者也；以贤下人，未有不得人者也。

——《庄子·徐无鬼》

【译文】把美德分给别人的可以称为圣人；把才能分给别人的可以叫作贤人。以贤者自居待人的人，没有能得到人心的；自己贤能又能甘居人下的人，就不可能不得人心。

举贤则民相轧①，任知则民相盗。之数物者，不足以厚民。民之于利甚勤②，子有杀父，臣有杀君，正昼为盗，日中穴阫③。吾语女：大乱之本，必生于尧、舜之间，其末存乎千世之后。千世之后，其必有人与人相食者也。

——《庄子·庚桑楚》

【注释】①轧：倾轧。②勤：迫切企望。③穴阫(pēi)：挖穿墙壁。穴，挖穿。阫，墙。

【译文】他们荐贤举能的结果是让百姓相互倾轧，他们任用智者的结果是使百姓相互欺诈，以暴凌弱。这样的事是不足以让百姓的品德淳厚的。百姓的营利之心现在变得越来越迫切了，于是，有儿子杀父亲的，有臣子杀君主的，有大白天公开偷盗的，有正午时挖墙抢劫的。我告诉你们：这个世界混乱的根源，就发生在尧和舜那个时代，而且他们的贻害无穷，将影响到千载后世。千百万年之后，我看非要发展到人吃人的地步不可！

庄子衣大布[①]而补之[②]，正縻[③]系履而过[④]魏王[⑤]。魏王曰："何先生之惫邪？"庄子曰："贫也，非惫也。士有道德不能行，惫也；衣弊履穿[⑥]，贫也，非惫也。此所谓非遭时也。王独不见夫腾猿乎？其得柟梓豫章[⑦]也，揽蔓其枝而王长其间，虽羿、逢蒙[⑧]不能眄睨[⑨]也。及其得柘[⑩]棘枳[⑪]枸之间也，危行侧视，振动悼栗。此筋骨非有加急而不柔也，处势不便，未足以逞其能也。今处昏上乱相之间，而欲无惫，奚可得邪？此比干之见剖心征也夫！"

——《庄子·山木》

【注释】①大布：粗布，指粗布衣服。②补之：指衣服破烂，缝有补丁。③縻(xié)：通"絜"，麻带。④过：拜访。⑤魏王：即魏惠王。⑥穿：破烂成洞。⑦柟(nán)、梓、豫章：都是乔木。柟，楠木。豫章，樟木。⑧逢蒙：后羿的弟子。⑨眄睨(miàn nì)：斜视的样子。⑩柘(zhè)：落叶灌木或小乔木，有长刺。⑪枳(zhǐ)：落叶灌木或小乔木，茎上长刺。

【译文】庄子穿着带补丁的粗布衣裳，扎好腰带系好鞋带去见魏惠王。魏惠王说："先生为什么如此地疲乏困顿呀？"庄子说："这只是贫穷，并不是疲困。志士有道行而不能得以推行，那才是疲困；至于衣服破烂，鞋子破洞，这是贫穷，不是疲困。这就是人们所说的没有碰上好世道。大王难道没有见过那些善于腾跃的猿猴吗？它们在楠梓豫章之类的高大树林中，在树枝之间蹿来跳去，一副怡然自得的样子，就是后羿和逢蒙那样的神射手怕也难以瞄准射中它们。等到它们处在柘棘枳枸之类带刺的灌木丛中时，行动谨慎而左顾右盼，心怀畏惧而震颤不已。这时，猿猴的筋骨肌肉也还是原来的筋骨肌肉，却如此高度紧张而不再柔软灵活，这是因为外在环境对它们不利，所以也就不能施展它们的本领了。现在到处是昏君和乱相，生活在他们中间，想要不疲困却又怎么可能呢？这已经是比干被剖心之前的征兆了啊！”

故有人者[①]累；见有于人者[②]忧。故尧非有人，非见有于人也。吾愿去君之累，除君之忧，而独与道游于大莫之国[③]。

——《庄子·山木》

【注释】①有人者：掌管人的人。人，百姓。②见有于人者：指被人所役使的人。③大莫之国：指至虚的大道之境。

【译文】所以把百姓视为自己所有的人，百姓也必然成为他的累害；以治理好百姓为己任的人，也必然反而被百姓所役使。所以尧才不把天下百姓看作自己的私有之物，任由天下百姓自行管理而不加干预，推行自治的理念。我愿意去掉君王之牵累，除去君王之忧愁，而只是和大道一起漫游在广漠空虚的境界。

天地虽大，其化均也；万物虽多，其治一也；人卒虽众，其主[1]君也。君原于德而成于天[2]。

——《庄子·天地》

【注释】①主：主宰。②天：指自然无为的天道。

【译文】天地虽然很大，运动和变化却是均衡的；万物虽然纷多，其自得之理却是同一的；百姓虽然众多，他们的主宰却是国君。国君的政要以德为根本，成全于自然。

至德之世，不尚贤，不使能；上如标枝[1]，民如野鹿，端正而不知以为义，相爱而不知以为仁，实而不知以为忠，当而不知以为信，蠢动而相使，不以为赐[2]。是故行而无迹，事而无传。

——《庄子·天地》

【注释】①标枝：树木高处的枝条。②赐：恩惠。

【译文】盛德的时代，不崇尚贤才，不任用能人；国君位居上位就如同树梢上的高枝一样，无心在上而只是自然居于高位罢了，老百姓像无知无识的野鹿无拘无束；行为端正却不知道把它看作道义，相互友爱却不知道把它看作仁爱，敦厚老实却不知道把它看作忠诚，办事得当却不知道把它看作信义，无心地活动而又相互帮助却不把它看作恩赐。所以，行动不留痕迹，功成不传后代。

夫至德之世，同与禽兽居，族[1]与万物并，恶乎知君子小人哉！同乎无知，其德不离；同乎无欲，是谓素朴；素朴而民性得矣。及至圣人，蹩蹩躠[②]为仁，踶跂[③]为义，而天下始疑矣；澶漫[④]为乐，摘僻[⑤]为礼，而天下始分矣。故纯朴[⑥]不残[⑦]，孰为牺尊[⑧]！白玉不毁，孰为珪璋[⑨]！道德不废，安取仁义！性情不离，安用礼乐！五色不乱，孰为文采！五声不乱，孰应六律！

——《庄子·马蹄》

【注释】①族：聚在一起。②蹩躠（bié xiè）：行走困难的样子。引申为勉强用心力的意思。③踶跂（dì qǐ）：踮起脚尖。意同“蹩躠”。④澶（dàn）漫：放纵逸乐。⑤摘僻：烦屑拘泥的样子。⑥纯朴：原始的木材。⑦残：废弃。⑧牺尊：刻有牛形花纹的酒器。尊，通“樽”，盛酒器。⑨珪璋：玉器。上锐下方者为珪，形似半珪者为璋。

【译文】在至德之世，人们与禽兽住在一起，人群与天地万物浑然不分，哪里知道什么是君子和小人的区别呢！人和无知之物一样，他们的本性就不会离失；人同无欲之物一样，那就是他们的自然淳朴；自然淳朴的本性不变也就是保持了人的本性。等到圣人们出现的时代，人们开始费心竭力地推行仁，坐卧不安地追求义，天下人也就从此开始产生了种种的猜疑。人们于是放纵于快乐，选取分析出烦琐的礼仪条文，天下从此开始区分为尊卑贵贱和远近亲疏。所以，如果天然的木料不剖开，谁能做成牺樽之类的酒器！白玉如果不毁坏，谁能做成珪璋之类的玉器！大道如果不废弃，哪里用得着仁义！人的自然本性不离失，哪里用得着什么礼乐制度！五种色彩如果混而无间，谁能制造出图案花纹！五种声调如果不人为编排，谁能区分合于六律的乐曲！

明王之治，功盖天下而似不自己，化贷[1]万物而民弗恃；有莫举[2]名，使物自喜。立乎不测，而游于无有[3]者也。

——《庄子·应帝王》

【注释】①贷：施。②举：显。③无有：指至虚的境界。

【译文】英明的君王治理天下，功绩普盖天下却又像与他自己不相干似的，教化施及天下而百姓却不觉得是依靠了他；有大德而无法称述，却能使万事万物各居其所；立于高深莫测之境，而与虚无的大道合一。

汝游心于淡，合气于漠，顺物自然而无容私焉，而天下治矣。

——《庄子·应帝王》

【译文】你应性情恬淡，心气平和，顺任自然而没有个人偏私，天下就达到大治了。

孔子适楚，楚狂接舆[1]游其门曰："凤兮凤兮，何如德之衰也！来世不可待，往世不可追也。天下有道，圣人成焉；天下无道，圣人生[2]焉。方今之时，仅免刑焉！福轻乎羽，莫之知载；祸重乎地，莫之知避。已乎已乎，临人以德！殆乎殆乎，画地而趋！迷阳[3]迷阳，无伤吾行！吾行却曲[4]，无伤吾足！"

——《庄子·人间世》

【注释】①接舆：楚国的隐士，姓陆，名通，字接舆。②生：苟全性命。③迷阳：一种多刺的草，常生在路旁。④曲：拐弯而行。

【译文】孔子来到楚国，楚国隐士接舆有意来到孔子门前，说："凤鸟啊，凤鸟啊！你怎么怀有大德却来到这衰败的国家！来世不可指望，前世无法追回。天下得到了治理，圣人便成就了事业；国君昏庸而天下混乱，圣人也只得顺应潮流苟全生存。当今这个时代，恐怕只能免遭刑辱。福气比羽毛还轻，而不知道怎么取得；祸患比大地还重，而不知道怎么回避。算了吧，算了吧！不要在人前宣扬你的德行了！危险啊，危险啊！人为地划出一条道路让人们去遵循！遍地的荆棘啊，不要妨碍我的行走！曲曲弯弯的道路啊，不要伤害我的双脚！"

杨朱曰："伯成子高[①]不以一毫利物，舍国而隐耕。大禹不以一身自利，一体偏枯[②]。古之人损一毫利天下不与也，悉天下奉一身不取也。人人不损一毫，人人不利天下，天下治矣。"

——《列子·杨朱》

【注释】①伯成子高：即伯益，也称"大费"，古代嬴姓各族的祖先，善于畜牧和狩猎，被舜任为虞，掌管草木鸟兽，供应鲜食。为禹所重用，助禹治水有功，被选为继承人。传说由于他谦让，禹子启被选继位。②偏枯：也称"偏瘫"，中医指半身不遂的病。

【译文】杨朱说："伯成子高不肯拿出一毫来施惠于外物，因此舍弃王位，隐居山野，耕田度日。大禹不愿为自身谋利益，以至于劳累过度，半身不遂。古代的人，对于损伤一毫来施惠于天下的事，他不愿意去付出；对于把整个天下拿来奉养自身的事，他也不愿去获取。如果人人都不损失一毫，人人都无须有利于天下，那么天下就大治了。”

列子曰：“色盛者骄，力盛者奋，未可以语道也。故不班白[1]语道，失，而况行之乎？故自奋则人莫之告。人莫之告，则孤而无辅矣。贤者任人，故年老而不衰，智尽而不乱。故治国之难在于知贤而不在自贤。”

——《列子·说符》

【注释】①班白：同“斑白”，头发花白，指年老。

【译文】列子说：“血气方刚的人容易骄傲，体力充沛的人容易逞强，没法和他们谈论‘道’。所以头发尚未斑白的人来谈论‘道’，必定有所违失，更何况去实行‘道’呢？所以谁若是逞强，就没有人去劝告他。没有人去劝告，就会变得孤立无援。贤明的人善于任用他人，所以即便上了年纪，治事的能力也不会衰退，即便智力用尽，思想也不会混乱。所以治理国家难就难在知贤善任，而不是自身的贤明。”

楚庄王[1]问詹何[2]曰：“治国奈何？”詹何对曰：“臣明于治身而不明于治国也。”楚庄王曰：“寡人得奉宗庙社稷，愿学所以守之。”詹何对曰：“臣未尝闻身治而国乱者也，又未尝闻身乱而国治者也。故本在身，不敢对以末。”楚王曰：“善。”

——《列子·说符》

【注释】①楚庄王：春秋时楚国国君。姓芈（Mǐ），名旅。他重用孙叔敖等人整顿内政，兴修水利，推行县治，增强兵力。②詹何：战国时期思想家。

【译文】楚庄王问詹何:“怎样治理国家?”詹何答道:“我懂得修养自身,却不懂得如何治理国家。”楚庄王说:“我得以供奉宗庙、掌管王权,希望能学到如何保持它的办法。”詹何答道:“我不曾听说有人自身修养完善而国家混乱不堪的,也不曾听说过自身修养不好而国家治理得井井有条的,所以治国的根本在于自身,其他细枝末节我就不敢对您说什么了。”楚庄王说:“好啊。”

愚　　民

不尚贤,使民不争;不贵难得之货,使民不为盗;不见可欲,使民心不乱。是以圣人之治,虚其心,实①其腹,弱其志,强其骨,常使民无知②无欲,使夫智者不敢为也。为无为,则无不治也。

——《老子·三章》

【注释】①实:吃饱。②知:通“智”。

【译文】君王若不推崇贤能的人,那就使得臣民不会为此而彼此争夺;君王若不贪爱与追求那些难得稀见的珍宝,那就使得臣民不会偷盗窃取;君王若不显示与炫耀那些可以引发人们贪欲的财物,那就使得臣民澹然虚静,而不会惑乱其心志。所以明道之君治理天下的时候,总是使百姓的心志虚静,使百姓的肚腹饱满,使百姓的心志变得卑微,使百姓的筋骨强健,总是使得百姓安处于纯真质朴之中而不用智慧,不生欲望,使得那些智能之士既无贪求必得之心,又无恣肆妄行之事。如此而行,天下就会达于大治，社会就会和谐安定。

古之善为道者，非以明①民，将以愚②之。民之难治，以其智多。故以智治国，国之贼；不以智治国，国之福。知此两者亦稽式③。常知稽式，是谓玄德。玄德深矣，远矣，与物反矣，然后乃至大顺④。

——《老子·六十五章》

【注释】①明：多智巧诈。②愚：淳朴，守真。③稽式：法则，法式。④大顺：自然。

【译文】上古时代善于循守大道的君王，不是靠自己的多智巧诈统治百姓，而是靠自己的无私无欲、无知无能来使百姓变得淳朴守真。民众难于治理的根本原因，就是因为君王过于多智巧诈。所以凭借自己的聪明才智来治理国家，那是国家的祸害；不用自己的聪明才智而循守大道来治理国家，那才是国家的福分。君王经常能明了于上述两点，也就是稽考并效仿古代治国的法度准则。经常能够稽考而效仿古代治国的法度准则，这就是具有着循守大道的根本之德。君王的根本之德幽深而又玄远，最终就会与民众一起返璞归真，就能使天下万物莫不顺其自然，从而实现国家的安定与社会的和谐。

夫民不难聚也：爱之则亲，利之则至，誉之则劝①，致其所恶则散。爱利出乎仁义，捐仁义者寡，利仁义者众。夫仁义之行，唯且无诚，且假乎禽贪者器。是以一人之断制天下，譬之犹一覕②也。夫尧知贤人之利天下也，而不知其贼[3]天下也。夫唯外乎贤者知之矣。

——《庄子·徐无鬼》

【注释】①劝：勤勉。②觇（piē）：通“瞥”，很快地看一下。③贼：害。

【译文】民众不难聚集：你爱他们，他们就亲近你；有利给他们，他们就来了；给他们奖励，他们就努力勤勉；但如果你一旦让他们厌恶了，他们立刻就会离你而去。爱和利都出于仁义，但真正为仁义而献身的人很少，而利用仁义为自己谋利益的人却总是很多。仁义的行为，一旦缺乏诚意，就会成为禽兽一般贪婪的人假借的工具。这是以一个人的独断专行来给天下人带来好处，打个比方说，就好像是短暂的一瞥。尧只知道贤人有利天下的一面，而不知道他们也会威害天下。这是只有那些超越于贤人以外的人，才能懂得的道理。

宋有狙公[1]者，爱狙，养之成群。能解狙之意，狙亦得公之心。损其家口，充狙之欲。俄而匮焉，将限其食。恐众狙之不驯于己也，先诳之曰：“与若芧[2]，朝三而暮四，足乎？”众狙皆起而怒。俄而曰：“与若芧，朝四而暮三，足乎？”众狙皆伏而喜。物之以能鄙相笼，皆犹此也。圣人以智笼群愚，亦犹狙公之以智笼众狙也。名实不亏，使其喜怒哉！

——《列子·黄帝》

【注释】①狙（jū）公：指爱狙的一位老人。狙。古代的一种猴子。②芧（xù）：通“杼”，木名，即栎树。这里指芧树的果实，即橡实，可以吃。

【译文】宋国有位饲养猴子的老人，因为喜欢猴子，家里养了一大群猴子。他能够理解猴子的心意，猴子也懂得他的心意。狙公平时尽量减少家庭成员的口粮以满足猴子的食欲。过了不久，家中粮钱快要用尽，狙公准备对猴子每天的口粮加以限制。狙公怕群猴不听自己的话，先诳骗它们说："每天给你们橡栗吃，早晨三个，晚上四个，够吗？"猴子们一听，一齐跳起，十分生气。过了一会儿狙公又说："给你们橡栗子吃，早晨四个，晚上三个，够了吗？"众猴听后，都伏在地上，十分高兴。世间万物之所以用智巧或鄙俗的方法可以笼络，道理就在这里。圣人用智慧笼络天下众多蠢笨的人，就像狙公用智慧笼络众多的猴子一样。在名实均不受损的情况下，可以使他们恼怒，也可以使他们高兴！

均　　平

天之道，其犹张弓与[①]？高者抑之，下者举之，有余者损之，不足者补之。天之道，损有余而补不足；人之道则不然，损不足以奉有余。孰能有余以奉天下？唯有道者。是以圣人为而不恃，功成而不处，其不欲见[②]贤。

——《老子·七十七章》

【注释】①与：通"欤"，语气词。②见：通"现"，表现。

【译文】上天所遵循的规则，大概就好像开弓射箭一样吧！高了就往下压低一点儿，低了就往上抬高一点儿，用的力量太大了就减少一点儿，用的力量不足了就增加一点儿。就是说，上天所遵循的规则是减损那些有余的而补充不足的，使其能够均平适当；而人们所遵循的规则却不然，往往是剥削那些穷困不足的人而供奉那些财产富裕的人。有谁能够虽然富有却愿意拿出多余的财物奉献给天下之人呢？只有那些持守大道的人。因此那些明道之君总是顺乎自然以化成万物却不自恃有恩以求报答，虽然成就万物之功业却不自居其功而矜夸炫耀，完全是因为他们不愿显示自己的贤德。

平者，水停之盛也。其可以为法也，内保之而外不荡也。德者，成和之修也。德不形者，物不能离也。

——《庄子·德充符》

【译文】水平是水最平静时的状态。它可以作为我们取法的准绳，就是我们的内心恬静而不为外物所动。所谓德，就是使事成物和的最高修养。德不显露便与万物融为一体，不能分离了。

均，天下之至理也，连于形物[①]亦然。均发均县[②]，轻重而发绝，发不均也。均也，其绝也莫绝。

——《列子·汤问》

【注释】①形物：有形体的物体。②县：通“悬”，悬挂。

【译文】均衡，是天下最高的真理，涉及到的一切有形体的事物考察都是如此。即使是一根最细的头发也是这样，只要力量用得均衡，悬挂再重的东西也不会被拉断，如果轻重不均衡则是会断的，这是头发受力不均衡的缘故。如果受力均衡，本来会断的也是拉不断的。

周之尹氏大治产，共下趣役者[①]侵晨昏[②]而弗息。有老役夫，筋力竭矣，而使之弥勤。昼则呻呼而即事，夜则昏惫而熟寐。精神荒散，昔昔[③]梦为国君。居人民之上，总一国之事。游燕[④]宫观，恣意所欲，其乐无比。觉则复役。人有慰喻其懃[⑤]者，役夫曰："人生百年，昼夜各分。吾昼为仆虏，若则苦矣；夜为人君，其乐无比。何所怨哉？"尹氏心营世事，虑钟[⑥]家业，心形俱疲，夜亦昏惫而寐。昔昔梦为人仆，趋走作役，无不为也；数骂杖挞，无不至也。眠中啽呓[⑦]呻呼，彻旦息焉。尹氏病之，以访其友。友曰："若位足荣身，资财有余，胜人远矣。夜梦为仆，苦逸之复，数之常也。若欲觉梦兼之，岂可得邪？"尹氏闻其友言，宽其役夫之程，减己思虑之事，疾并少间。

——《列子·周穆王》

【注释】①趣役者：来到尹氏家服役的人，指役夫。②侵晨昏：从早到晚。侵，接近。③昔昔：夜夜，每天晚上。④燕：通"宴"，宴饮。⑤懃(qín)：同"勤"，勤苦。⑥虑钟：思想都集聚在治理家产方面。钟，聚。⑦啽(án)呓：说梦话。

【译文】周代有一个姓尹的人，非常重视治理家业，为他服役的人从早到晚不得休息。其中，有一个老仆人，每天都累得筋疲力尽，但主人使唤他却更加频繁。老仆人常常白天一边干活一边呻吟，夜里疲劳不堪，倒在床上立即入睡。由于精神恍惚，夜夜梦见自己当了国君，位居亿万百姓之上，总理一国政事。游览宫苑风景，享用山珍海味，为所欲为，其乐无比。醒后却又照样做仆人。有人想对他的勤苦生活进行劝慰，这位老仆人说:“人生顶多不过一百年,白天和黑夜是各占一半。我白天做苦工,累是很累的;然而我夜里当国君,我的快乐是没有人能比得上的。我还有什么可埋怨的呢?”姓尹的人把自己的心思全都用在治理家产方面,一天到晚忙得要死,身心疲惫。夜夜梦里给别人当仆人,每天都跑着干各种脏活、累活;然而叫骂声却时时入耳,鞭子却时时抽到自己身上,所有给别人做苦工的滋味没有一样没尝过的。常常在梦中呻吟、说梦话,不到天亮不会止息。姓尹的人感到忧虑,特地去拜自己的朋友商量解决的办法。朋友告诉他说:“你的地位足以使你感到荣耀,你的资财足以使你满足,你已经远远地超过了别人,你为什么还要苦苦追求呢?至于你在梦中给别人当仆人,那是劳苦和逸乐的往复循环、相互转化,是上天设定的规律,谁能改变得了呢?你想在醒时和梦里都得到逸乐,那是根本不可能的!”姓尹的人听了友人的话,回去之后,立即减轻了仆人们的劳动强度,对家业也不再像以前那样苦苦思虑,他的夜梦症也随之一天天地得以缓解。

进　　化

重言①十七,所以已言也,是为耆艾②。年先矣,而无经纬本末以期③年耆者,是非先也。人而无以先人,无人道也。人而无人道,是之谓陈人④。

——《庄子·寓言》

【注释】①重言:指先哲或当代贤人所说的话。②耆艾:对老人的称呼。六十岁为耆，五十岁为艾。③期：合。④陈人：老朽之人。

【译文】"重言"占了十分之七，是为了天下不再有争辩之言，这是长者的话。他年纪大于别人，而他的知识不能与他的年龄相符，这就不算作先于人。一个人说的话如果在才德学识方面没有超出别人的地方，那就是没有尽其为人之道。一个人如果不尽其为人之道，那就可以说他是一个老朽之人。

夫三皇[①]五帝[②]之礼义法度，不矜[③]于同，而矜于治。故譬三皇五帝之礼义法度，其犹柤[④]梨橘柚邪！其味相反而皆可于口。故礼义法度者，应时而变者也。今取猨狙[⑤]而衣以周公之服，彼必龁[⑥]啮[⑦]挽裂，尽去而后慊[⑧]。观古今之异，犹猨狙之异乎周公也。故西施病心而矉[⑨]其里，其里之丑人见而美之，归亦捧心而矉其里。其里之富人见之，坚闭门而不出；贫人见之，挈[⑩]妻子而去之走。彼知矉美，而不知矉之所以美。

——《庄子·天运》

【注释】①三皇：指燧(suì)人、伏羲、神农。②五帝：有三种说法，即黄帝、颛顼(zhuān xū)、帝喾(kù)、唐尧、虞舜；太皞(hào)、炎帝、黄帝、少皞、颛顼；少昊、颛顼、高辛，唐尧、虞舜。③矜：崇尚。④柤(zhā)：即山楂，味酸。⑤猨(yuán)狙：猴子。⑥龁(hé)：啃。⑦啮(niè)：咬。⑧慊(qiè)：满足，满意。⑨矉(pín)：通"颦"，皱眉头。⑩挈(qiè)：携带，带领。

【译文】远古三皇五帝时代的礼义法度，不崇尚古今相同，而崇尚能使天下太平。所以三皇五帝时代的礼义法度，就好像柤、梨、橘、柚四种果子！它们的味道彼此不同却都很可口。所以，礼义法度，都是顺应时代而变的。如今捕来猿猴给它穿上周公的衣服，它必定会咬碎或撕裂，直到全部剥光方才心满意足。观察古今的差异，就像猿猴不同于周公。从前西施心口疼痛，总是皱着眉头，邻里的一个丑女人看见了，认为皱着眉头很美，回去后也在村里捂着胸口皱着眉头。邻里的富人看见了，紧闭家门而不出；穷人看见了，带着妻子儿女远远地跑开了。那个丑女人只知道皱着眉头美，却不知道为什么皱着眉头会美。

夫水行莫如用舟，而陆行莫如用车。以舟之可行于水也，而求推之于陆，则没世不行寻常①。古今非水陆与？周鲁非舟车与？今蕲②行周于鲁，是犹推舟于陆也，劳而无功，身必有殃。

——《庄子·天运》

【注释】①寻常：古代的长度单位。八尺为一寻，二寻为一常。②蕲(qí)：通“祈”，求。

【译文】在水上通行没有比得上用船的，在陆上行走没有比得上用车的。因为船可以在水中划行便希望推到陆地上行走，那么终身也不会走多远。古今的不同不就像水面和陆地的不同吗？周朝和鲁国的不同不就像船和车的不同吗？如今想把周朝的制度推行到鲁国去，这就好像把船推到陆地上行走一样，徒劳而无功，自身也难免遭殃。

绝圣弃智

知[1]者不言，言者不知。塞其兑[2]，闭其门[3]，挫其锐，解其纷，和其光，同其尘，是谓玄同[4]。故不可得而亲，不可得而疏；不可得而利，不可得而害；不可得而贵，不可得而贱。故为天下贵。

——《老子·五十六章》

【注释】①知：通“智”。②兑：口，引申为孔窍。③门：意同“兑”。④玄同：指玄妙齐同的“道”。

【译文】圣明的君王从不随便发号施令，而经常发号施令的君王则不是圣明的。禁塞其耳目不闻无睹，闭合其口鼻不言无声，摧折其锋锐守持柔弱，消散其壮盛居处虚静，掩蔽其光泽不使显明，融合于大众不示特异，这样才能真正和同于大道。因此也就使别人无从窥测揣摩其心思，既不能因了解他而投其所好同他亲近，也不能因此而同他疏远；既不能因了解他而营私舞弊乘机获利，也不能因此而暗中伤害他；既不能因了解他而逢迎吹捧使其尊显，也不能因此而污蔑诋毁使其低贱。也正因为如此，他就被天下人所敬重而成为最尊贵的君王。

堕[1]肢体，黜[2]聪明，离形去知[3]，同于大通[4]，此谓坐忘[5]。

——《庄子·大宗师》

【注释】①堕（huī）：通“隳”，毁坏。②黜（chù）：去除。③知：通“智”，智慧。④大通：大道。⑤坐忘：端坐而忘记一切。

【译文】遗忘肢体，抛开聪明，脱离形骸，丢掉智慧，与大道通为一体，这就叫“坐忘”。

绝圣弃知，而天下大治。

——《庄子·在宥》

【译文】抛弃聪明智巧，然后天下才能大治。

故曰：“鱼不可脱于渊，国之利器①不可以示人。”彼圣人者，天下之利器也，非所以明天下也。故绝圣弃知，大盗乃止；擿②玉毁珠，小盗不起；焚符破玺，而民朴鄙；掊斗折衡，而民不争；殚残天下之圣法，而民始可与论议；擢乱六律，铄绝③竽瑟，塞瞽旷④之耳，而天下始人含其聪⑤矣；灭文章⑥，散五采，胶离朱⑦之目，而天下始人含其明矣；毁绝钩绳而弃规矩，攦⑧工倕⑨之指，而天下始人有其巧矣。故曰：“大巧若拙。”

——《庄子·胠箧》

【注释】①国之利器：指圣人所制定的治理天下的法则。②擿（zhì）：投掷。③铄绝：烧断。④瞽（gǔ）旷：即师旷，春秋时晋国乐师，精通音律，因其目盲，所以称瞽旷。⑤聪：指高度灵敏的听觉。⑥文章：泛指文采。青和赤相配合叫作“文”，赤和白相配合叫作“章”。⑦离朱：传为黄帝时人，百步能见毫末，千里能见针尖，视力极佳。⑧攦（lì）：折断。⑨工倕（chuí）：传为尧时的巧匠。

【译文】所以说：“鱼儿不可以离开深渊，治理国家的法则不能显示给人看。”那些圣人的主张就是治理天下最有效的方法，是不能明示给天下人看的。所以，要彻底摒弃一切聪明才智，大盗才可以止息；丢弃玉器，毁坏珠宝，小盗也不再兴起；焚烧符印，百姓就可以复归纯朴；击破斗秤，百姓才不会再相争了；全部毁弃天下的圣人之法，百姓才可以参与议论；搅乱六律，销毁竽瑟等乐器，堵塞师旷的耳朵，天下人才能保全灵敏的听觉；毁掉彩色花纹，散乱五色，黏合离朱的眼睛，天下人才能保全清楚的视觉；毁弃曲尺绳墨与圆规矩尺，折断工倕一类巧匠的手指，天下人才能保全他们高超的技巧。所以说："最大的智巧如同笨拙一样。"

夫川竭而谷虚，丘夷[1]而渊实。圣人已死，则大盗不起，天下平而无故[2]矣！圣人不死，大盗不止。虽重圣人而治天下，则是重利盗跖也。为之斗斛以量之，则并与斗斛而窃之；为之权衡以称之，则并与权衡而窃之；为之符玺以信之，则并与符玺而窃之；为之仁义以矫之，则并与仁义而窃之。何以知其然邪？彼窃钩者诛，窃国者为诸侯，诸侯之门而仁义存焉，则是非窃仁义圣知邪？故逐于大盗，揭[3]诸侯，窃仁义并斗斛权衡符玺之利者，虽有轩冕之赏弗能劝，斧钺之威弗能禁。此重利盗跖而使不可禁者，是乃圣人之过也。

——《庄子·胠箧》

【注释】①夷：平。②故：意外的事故。③揭：抬举。

【译文】河流中的水干涸了，山谷就会空虚；山丘被铲平，深渊才可以被填实。圣人一旦死去，大盗就不再兴起，天下也就太平无事了。如果圣人不死，大盗就不会停止。虽然倚重圣人以治理天下，实际上是让盗跖一类的大盗获得更多的利益。圣人制造出斗斛用来称量谷物的多少，大盗会连斗斛也一并偷走了；制造秤用来称量轻重，大盗就连秤也一并偷走了;造出印章是要取信于人,大盗就把印章也一并偷走了;提倡仁义是来矫正人的过失,大盗却把仁义也一并偷走了。怎么知道是这样的呢?那些偷窃衣钩一样的小东西的小偷一旦被捉住就要被诛杀,而盗窃国家的大盗反倒成了诸侯,只要成为诸侯之家也就有了仁义,这不就是把仁义圣智一起偷去了吗?所以,对于那些追随于大盗,夺取诸侯高位,窃取了仁义以及斗斛、秤、印章等利益的人,即使用高官显爵的赏赐也不能劝阻他们,纵然有砍头重刑之威慑也不能禁止他们。这些使盗跖一类的大盗得到更多的利益而屡禁不止的,正是圣人的过错。

故德有所长,而形有所忘。人不忘共所忘,而忘其所不忘,此谓诚忘。

——《庄子·德充符》

【译文】所以,有过人德行的人在形体方面的缺陷常常被遗忘。人们如果不忘掉所应当忘掉的外形,却忘掉了所不应当忘掉的德行,这就叫做真正的遗忘。

华子既痞[①],乃大怒,黜[②]妻罚子,操戈逐儒生。宋人执而问其以[③]。华子曰:“曩[④]吾忘也,荡荡然不觉天地之有无。今顿识既往,数十年来存亡、得失、哀乐、好恶,扰扰万绪起矣。吾恐将来之存亡、得失、哀乐、好恶之乱吾心如此也,须臾之忘,可复得乎?”

——《列子·周穆王》

【注释】①寤：通"悟"，清醒。②黜：罢黜，这里指责罚。③以：原因。④曩(nǎng)：从前。

【译文】华子醒过来后，大发脾气，斥骂妻子，处罚儿子，举着戈追赶儒生。华子的邻居们抓住华子，询问其中的原因。华子解释说："以前我有健忘症，脑子里空荡荡的，连天地的有无都不知道。现在，突然恢复了以往的记忆，数十年的存亡得失、喜怒哀乐等无数的人间烦恼，在我心里千头万绪地涌了上来。不仅如此，我更怕今后数十年的存亡得失、喜怒哀乐又会更加残酷地折磨我的心，那时要想有片刻的忘却，还能够实现吗？"

夫乐而知者，非古人之所谓乐知也。无乐无知，是真乐真知，故无所不乐，无所不知，无所不忧，无所不为。

——《列子·仲尼》

【译文】现在的乐与知，并非古人所谓的乐与知。无乐无知，才是真乐真知，所以无所不乐，无所不知，无所不忧，无所不为。

子列子曰："得意者无言，进[①]知者亦无言。用无言为言亦言，无知为知亦知。无言与不言，无知与不知，亦言亦知。亦无所不言，亦无所不知；亦无所言，亦无所知。"

——《列子·仲尼》

【注释】①进：通"尽"。

【译文】列子说："领会真意的人无须言说，什么都知道的人也无须言说。将无言当作表述，也算是一种言说；将无知当作知道，也算是一种有知。而以无言作为不加表述，以无知作为不知道，也是一种言说和有知。所以也没有什么不能说的，也就没有什么不知道的；也没有什么值得说的，也就没有什么要知道的。”

第四章　全生养性

养　　生

五色[①]令人目盲，五音[②]令人耳聋，五味[③]令人口爽[④]；驰骋畋[⑤]猎令人心发狂，难得之货令人行妨。是以圣人为腹不为目，故去彼取此。

——《老子·十二章》

【注释】①五色：黄、青、赤、白、黑。②五音：宫、商、角、徵、羽。③五味：酸、甜、苦、辣、咸。④爽：伤。⑤畋：猎取飞禽走兽。

【译文】各种色彩缤纷繁杂，看久了就会使人两眼昏花；各种声音喧哗不已，听久了就会使人耳聋失聪；各种味道的美味佳肴，吃多了能够使人胃口损伤而恶饮厌食；驱马奔驰，围田捕猎，时间久了能够使人心智狂乱而纵情放荡；贪求宝物而不知满足，时间久了就会使人的行为乖戾而举动失常。因此明道之君在治国理政时，总是无欲无为而不徇于外物，少私寡欲而能处虚守静，所以君王必须取此“为腹”，即无欲无为；而去彼“为目”，即多欲有为。

盖闻善摄生[①]者，陆行不遇兕[②]虎，入军不被甲兵。兕无所投其角，虎无所措其爪，兵无所容[③]其刃。夫何故？以其无死地。

——《老子·五十章》

【注释】①摄生：保护生命。②兕(sì)：雌犀牛。③容：用。

【译文】我闻知那些善于保护生命的人，走路时不会碰到犀牛、老虎之类猛兽而遭遇险境，从军时也不会触及矛戈之类兵器而受到攻击。因为在他们身上，犀牛没有地方可以抵触其锐角，老虎没有地方可以抓扑其坚爪，兵器也没有地方能够击刺其利刃。这是为什么呢？就是因为他们循守大道而充满生机，根本不能踏入死亡之地。

今吾告子以人之情：目欲视色，耳欲听声，口欲察味，志气欲盈。人上寿百岁，中寿八十，下寿六十，除病瘦[①]死丧忧患，其中开口而笑者，一月之中不过四五日而已矣。天与地无穷，人死者有时。操有时之具[②]，而托于无穷之间，忽然无异骐骥[③]之驰过隙也。不能说[④]其志意、养其寿命者，皆非通道者也。

——《庄子·盗跖》

【注释】①瘦：应为“瘐”，指疾病。②具：指形骸。③骐骥(qí jì)：骏马。④说：通“悦”。

【译文】现在让我来告诉你什么是人之常情：眼睛想要看颜色，耳朵想要听声音，嘴巴想要尝味道，志向想要得以实现。人上寿百岁，中寿八十，下寿六十，除了生病死亡忧患的日子，其中能开怀大笑的，一月之中不过四五天罢了。天与地是没有穷尽的，人的死亡却是或早或晚的事。人凭借着有限的躯体，生存在无穷的时间中，快速得和骏马从缝隙中跑过一样。如果不能心情保持快乐、通过养生来延长寿命，算不上通达大道的人。

中山公子牟[①]谓瞻子[②]曰："身在江海之上，心居乎魏阙[③]之下，奈何？"瞻子曰："重生。重生则利轻。"中山公子牟曰："虽知之，未能自胜也。"瞻子曰："不能自胜则从，神无恶乎！不能自胜而强不从者，此之谓重伤[④]。重伤之人，无寿类矣。"

——《庄子·让王》

【注释】①中山公子牟：即魏公子，名牟，因其封于中山，所以又称中山公子牟。②瞻子：即瞻何，属于先秦道家学派。③魏阙：高的观阙，代指朝廷。魏，高大。④重(chóng)伤：再次受伤。

【译文】中山公子牟对瞻子说："身在江湖之上，而心念念不忘朝廷，怎么办？"瞻子说："重视生命。重视生命就轻视利禄。"中山公子牟说："虽然知道，但是不能克制自己。"瞻子说："不能克制自己就任由意志的冲动去做，心理上难道就不焦虑了吗？不能克制自己而勉强克制，这叫受双重伤害。受双重伤害的人，就不能与长寿的人并列了。"

道之真以治身，其绪馀以为国家，其土苴[①]以治天下。由此观之，帝王之功，圣人之馀事也，非所以完身养生也。今世俗之君子，多危身弃生以殉[②]物，岂不悲哉！凡圣人之动作也，必察其所以之与其所以为。今且有人于此，以随侯之珠[③]，弹千仞之雀，世必笑之。是何也？则其所用者重而所要者轻也。夫生者，岂特随侯之重哉！

——《庄子·让王》

【注释】①土苴：糟粕。②殉：追逐。③随侯之珠：指周时被汉中随侯得到的珍珠。

【译文】大道的精髓本来是用来修身的，大道的残余都可以用来治理国家，大道的糟粕仍可以用来平治天下。由此可见，帝王的功业对于圣人来说只是多余的事业，因为它并不能用来全身养生。现在世俗的君子们，大多是不惜危害身体抛弃生命以追求物质享受，结果可能是一不小心就丢了性命，难道不可悲吗？大凡圣人要做什么事情，一定要先审察自己所追求的目的和之所以这样做的原因。现在如果有这样一个人，用随侯的珍珠做弹子去击射处在千仞高空的小麻雀，世人一定会嘲笑他。这是为什么呢？因为他是使用贵重之物来换取非常轻贱的东西。生命这种东西，怎么能不比随侯的珍珠更珍贵呢！

能尊生者，虽贵富不以养伤身，虽贫贱不以利累形。今世之人居高官尊爵者，皆重失之，见利轻亡其身，岂不惑哉！

——《庄子·让王》

【译文】能珍惜生命的人，虽然在富贵之中也不用养生之物伤害身体，虽然在贫贱之中也不会让利禄牵累形体。现今社会上那些身居高官贵爵的人，都很重视古代圣人所放弃的东西，见到利禄就抢着争夺，结果是丧失了自己的生命，岂不是糊涂吗？

韩、魏相与争侵地。子华子[①]见昭僖侯[②]，昭僖侯有忧色。子华子曰："今使天下书铭[③]于君之前，书之言曰：'左手攫[④]之则右手废[⑤]，右手攫之则左手废，然而攫之者必有天下。’君能[6]攫之乎？”昭僖侯曰：“寡人不攫也。”子华子曰：“甚善！自是观之，两臂重于天下也，身亦重于两臂。”

——《庄子·让王》

【注释】①子华子：魏国人，思想接近道家。②昭僖侯：即韩昭侯。③书铭：指写下契约。④攫（jué）：夺取。⑤废：斩去。⑥能：愿。

【译文】韩国和魏国相互争夺、侵占对方的土地。子华子去见昭僖侯，看见昭僖侯面带忧色。子华子说：“现在如果让天下人在你面前写个誓约，誓约写道：‘左手夺到它就砍掉右手，右手夺到它就砍掉左手，然而得到它的人就可以得到天下。’你愿意去夺取它吗？”昭僖侯说：“我不夺取！”子华子说：“很好，由此看来，两臂比天下重要，身体又比两臂重要。”

达[1]生之情者，不务[2]生之所无以为；达命之情者，不务知[3]之所无奈何。养形必先之以物，物有馀而形不养者有之矣；有生必先无离形，形不离而生亡者有之矣。生之来不能却，其去不能止。悲夫！世之人以为养形足以存生，而养形果不足以存生，则世奚足为哉！虽不足为而不可不为者，其为不免矣！夫欲免为形者，莫如弃世。弃世则无累，无累则正平，正平则与彼更生[4]，更生则几[5]矣！

——《庄子·达生》

【注释】①达：通达，懂得。②务：追求。③知：通“智”。④更生：循环推移。⑤几：接近。此指接近大道。

【译文】通达生命本质和生活意义的人，不努力去做无法做到的事；

通达命运本体和生命有限的人，不努力去追求智力所不能达到的领域。保养形体必须先给它以一定的物质生活资料，然而物质生活资料有余而形体未能得以保养好的人也还是有的；保存精神生命的健康必先让它不和形体分离，然而形体还活着而精神生命已经死了的人也是有的。生命之来不能推却，离去也不能阻止。多么可悲呀！世上的人以为保养形体就足以保存精神生命，然而保养形体确实不足以保存精神生命，所以世俗生活中许多人的养形存生方法确实不足取啊！虽然不足取却又不得不生活下去，因为，你要活着就必须有一定的维系生活的物质生活资料，这不得不有所追求！要想吃饱穿暖，凑合生活下去这一类养护形体的事，并不必须费太大的劲，要想做这样的人，最好的办法就是抛弃政治乃至世俗生活。放弃了它也就不再有什么牵累，没有牵累就容易公平正直而且心气平和，正直且心气平和就能和自然之造化一起推移更新，与造化推移更新也就接近了大道了！

善养生者，若牧羊然，视其后者而鞭之。

——《庄子·达生》

【译文】善于养生的人，就像放羊一样，哪只羊落在后面了，就抽它一鞭子。

弃事则形不劳，遗生则精不亏。夫形全精复，与天为一。

——《庄子·达生》

【译文】舍弃了世事形体就会不劳累，遗忘了人生精神就会不受损，形体健全，精神饱满，就能与天道结合成为一体。

夫天下之所尊者，富、贵、寿、善也；所乐者，身安、厚味、美服、好色、音声也；所下者，贫贱、夭恶也；所苦者，身不得安逸，口不得厚味，形不得美服，目不得好色，耳不得音声。若不得者，则大忧以惧，其为形[①]也亦愚哉！夫富者，苦身疾作[②]，多积财而不得尽用，其为形也亦外矣！夫贵者，夜以继日，思虑善[③]否[④]，其为形也亦疏矣！人之生也，与忧俱生。寿者惛惛[⑤]，久忧不死，何苦也！其为形也亦远矣！

——《庄子·至乐》

【注释】①为形：保养形骸。②疾作：勤苦劳作。③善：指仕途亨通。④否（pǐ）：六十四卦之一，此处指仕途穷厄不通。⑤惛惛（hūn）：通"惽惽"，糊涂昏聩的样子。

【译文】天下人最崇尚的就是富有、尊贵、长寿、好名声；最喜爱的就是身体安逸、美味佳肴、服饰漂亮、色彩艳丽、音乐动听；人在价值上所否定的是生活贫穷、地位低下、夭折和坏名声；最苦恼的是身体不得安逸，吃不到美味，穿不上漂亮服装，看不到艳丽的色彩，听不到动听的音乐。如果不能得到这些，就非常担忧和害怕，这样的养身方法岂不是太愚蠢了吗？富有的人，为了财富而劳苦身体抓紧做事，但多积财富却不能尽数享用，这不在养生的范围之内！高贵的人，夜以继日，费心劳神地要划出分辨善和不善的界限，这和养生也离得很远！人一生下来，就和忧虑同在。长寿的人稀里糊涂，长久地处于忧愁之中而不死，是何等苦恼啊！这样距离养生也就更远了！

野语有之曰："众人重利，廉士重名，贤士尚志，圣人贵精。"

——《庄子·刻意》

【译文】俗语有这样的说法："普通人看重利，廉洁的人看重名，贤能的人崇尚志节，圣人把精神看作最宝贵的东西。"

悲乐者，德之邪；喜怒者，道之过；好恶者，德之失。故心不忧乐，德之至也；一而不变，静之至也；无所于[1]忤[2]，虚之至也；不与物交，惔[3]之至也；无所于逆，粹之至也。故曰："形劳而不休则弊，精用而不已则劳，劳则竭。"

——《庄子·刻意》

【注释】①于：通"与"。②忤：乖违，抵触。③惔：通"淡"。

【译文】悲哀和欢乐是背离德行的邪僻，喜悦和愤怒是违反大道的过错，好恶则是心的失误。所以说内心无忧无乐，是德行的极致；持守专一，是静的极致；不与外物相抵触，是虚的极致；不与外物交往，是淡的极致；不与任何事物相违逆，是纯粹的极致。所以说："形体辛劳不休就会疲惫，精力不停使用就会枯竭。"

世之所贵道者，书也。书不过语，语有贵也。语之所贵者，意也，意有所随[1]。意之所随者，不可以言传也，而世因贵言传书。世虽贵之，我犹不足贵也，为其贵非其贵也。故视而可见者，形与色也；听而可闻者，名与声也。悲夫！世人以形色名声为足以得彼之情。夫形色名声，果不足以得彼之情，则知[2]者不言，言者不知，而世岂识之哉！

——《庄子·天道》

【注释】①随：寄寓。②知："智"。

【译文】世人认为珍贵的道记载于书中。书不过是语言，语言确有可贵之处。语言的可贵之处在于它的意义，意义又有所寄寓。意义所寄寓的东西，是不可以用语言来传达的，然而世人却因为语言可贵才将书籍流传下来。虽然世人认为书可贵，我却认为不足为贵，因为世人认为可贵的并不是真正可贵的。所以，可以看见的，是形和色；可以听到的，是名和声。可悲啊！世人以为从形色和名声就足以获得事物的实情！假如依据形色和名声果然不足以获得事物的实情，则有智慧的人不说，说的人没有智慧，世人难道能懂得这个道理吗？

至道之精，窈窈冥冥；至道之极，昏昏默默。无视无听，抱神以静，形将自正。必静必清，无劳女[1]形，无摇[2]女精，乃可以长生。目无所见，耳无所闻，心无所知，女神将守形，形乃长生。慎女内，闭女外，多知[3]为败。

——《庄子·在宥》

【注释】①女：通"汝"，你。②摇：扰乱。③知：通"智"，智巧。

【译文】大道的精髓，深远而又暧昧；大道的极限，昏暗而又静默。看不见也听不着，但只要你持守心志，专一而静默地信仰它，形体自然就会随着它端正起来。要保持你的心灵宁静神志清醒，不要劳碌你的形体，不要扰乱你的精神，就可以长生。目光要视而不见，耳朵要听而不闻，心灵要无欲无知，这样，你的精神和形体就能合一，身心合一就可以长生。谨慎地保持心灵的宁静，要封闭自己的耳目别被外物所感动，过度地追求智巧必然会败坏你的身心。

吾生也有涯，而知也无涯。以有涯随[1]无涯，殆已[2]！已而为[3]知者，殆而已矣！为善无近名，为恶无近刑。缘督[4]以为经[5]，可以保身，可以全生，可以养亲，可以尽年。

——《庄子·养生主》

【注释】①随：追逐。②已：通“矣”，了。③为：追逐。④督：人的脊脉，是骨节空虚之处。⑤经：常。

【译文】人的生命是有限的，而知识却是无限的。以有限的生命去追逐无限的知识，就会困顿疲乏；既然如此，还不停地去求知，那可真是十分危险的了！做善事而不要贪图名声，做恶事而不至于受刑罚。遵从自然之道，就可以保护生命，可以保全天性，可以蓄养身体，可以享尽天年。

夫人所以死者，诸欲所损也，老也，百病所害也，毒恶所中也，邪气所伤也，风冷所犯也。今道引行气，还精补脑，食饮有度，兴居有节，将服药物，思神守一，柱天[1]禁戒，带佩符印，伤生之徒，一切远之，如此则通，可以免此六害[2]。

——《抱朴子·内篇·至理》

【注释】①柱天：当为“依天”，即依乎天理。②六害：指欲损、衰老、病害、中毒、邪气、风冷等六种危害。

【译文】人之所以会死，是由于各种欲望造成的衰损；衰老；各种疾病的侵扰；中毒；邪气所造成的伤害；风冷侵入身体。假如导引肢体，运动真气，收回精蕴，弥补大脑，饮食有法度，起居有节制，服用药物，神思持守专一，依乎天理，严守禁忌，佩带着符节印玺，凡是伤害生命的因素，统统使之远离，像这样就可通达，并可以免除上述六种危害了。

欲求长生者，必欲积善立功，慈心于物，恕己及人，仁逮昆虫，乐人之吉，愍[1]人之苦，赒[2]人之急，救人之穷，手不伤生，口不劝祸，见人之得如己之得，见人之失如己之失，不自贵，不自誉，不嫉妒胜己，不佞谄阴贼，如此乃为有德，受福于天，所作必成，求仙可冀也。

——《抱朴子·内篇·微旨》

【注释】①愍：可怜，怜悯。②赒：赈济。

【译文】想要追求长生不死的人，一定要积累善事，建立功德，对事物心存慈善，推己及人，仁爱推及昆虫，以别人的吉祥为快乐，以别人的痛苦为担忧，赈济别人的急难，解救别人的穷厄，手不伤害生灵，嘴不劝促祸事，看到别人的成功有如自己的成功，看到别人的失败如同自己的失败，不把自己看得很尊贵，不称誉自己，不嫉妒胜过自己的人，不讨好阴险的贼子，像这样，才算是有德行，从上天那里接受赐福，所干的事一定成功，而成仙得道才可以有望。

一人之身，一国之象也：胸腹之位，犹宫室也；四肢之列，犹郊境也；骨节之分，犹百官也；神犹君也，血犹臣也，气犹民也。故知治身，则能治国也。夫爱其民所以安其国，养其气所以全其身。民散则国亡，气竭即身死。死者不可生也，亡者不可存也。是以至人消未起之患，治未病之疾，医之于无事之前，不追之于既死之后。民难养而易危也，气难清而易浊也。故审威德所以保社稷，割嗜欲所以固血气。然后真一存焉，三七[①]守焉，百害却焉，年命延矣。

——《抱朴子·内篇·地真》

【注释】①三七：指三魂七魄。

【译文】每一个人的身体，就好比一个国家的景况：胸膛腹部的位置好比帝王宫殿；四肢的排列好比四郊边境；骨节的区别好比是各种官员；精神好比是国君，血液好比是大臣，元气好比是百姓。所以，懂得修养身体，就能治理好国家。至于爱护自己的百姓是用来安定国家的措施，修养自己的元气是保全自身的方法。百姓离散就会导致国家败亡，元气枯竭就会造成自身死去。死去的人不能复生，败亡的国家不能再存在。所以最明智的人能消除还没有兴起的忧患，治疗还没有成大病的小疾，医治在没出大事之前，而不等到已经死亡之后再补救。百姓难以抚养却容易危害，元气难以清新却容易污浊。所以审视威信德行是保卫国家的前提，割舍贪欲是加固血气的条件。这样做了，真一才会存在，三魂七魄才能稳守，各种危害避去，寿命就延长了。

避害

吾所以有大患者，为吾有身，及[1]吾无身，吾有何患？

——《老子·十三章》

【注释】①及：如果。

【译文】我之所以存在着很大的忧患，是因为我有着“利益自我”的私心，如果没有了“利益自我”的私心，我又有什么忧患呢！

天下有始[1]，以为天下母[2]。既得其母，以知其子[3]；既知其子，复守其母，没身不殆。塞其兑，闭其门[4]，终身不勤[5]。开其兑，济其事，终身不救。见小曰明，守柔曰强。用其光，复归其明，无遗身殃，是谓袭常。

——《老子·五十二章》

【注释】①始：本始、原始，指“道”。②母：根源、本源，指“道”。③子：指天下万物。④兑、门：指耳目口鼻等窍穴。⑤勤：勤苦劳顿。

【译文】大道使阴阳交合而孕育化生天下万物，大道即为万物之母，也是万物之本。懂得了无为自然之道这个万物的根本之后，就能正确地认识和了解天下万物；认识和了解了天下万物，再来循守大道而处虚守静，无为不言，就能顺其自然而终身没有危险。也就是说，闭塞其口鼻耳目等感觉器官，不去看，也不去听，如此则天下大治而万事顺成，君王自己终身也不会勤苦劳顿。反之，若张开自己的口鼻耳目等感觉器官凭自己的心力亲自处理天下之事，则必然会劳心费神而终身无法脱离勤苦。人君能洞见幽隐者称为圣明，能柔弱处下者称为强大。虽居尊贵之位照临天下，却能返归于虚静无为，不给自己留下任何灾祸，这就能符合于常规，这就是循守于无为自然之道。

匠石①之齐，至于曲辕②，见栎③社树。其大蔽数千牛，絜④之百围，其高临山，十仞而后有枝；其可以为舟者旁⑤十数。观者如市，匠伯⑥不顾，遂行不辍。弟子厌观之，走⑦及匠石，曰："自吾执斧斤以随夫子，未尝见材如此其美也。先生不肯视，行不辍，何邪？"曰："已矣，勿言之矣！散木⑧也，以为舟则沉，以为棺椁则速腐，以为器则速毁，以为门户则液樠⑨，以为柱则蠹⑩，是不材之木也。无所可用，故能若是之寿。"

——《庄子·人间世》

【注释】①匠石：一个名叫石的木匠。②曲辕：地名。③栎（lì）社树：社中的栎树。社，祭祀土地神的地方。④絜（xié）：张开两臂度量树身。⑤旁：旁枝。⑥匠伯：指匠石。因匠石为众匠之长，所以称为"匠伯"。⑦走：跑。⑧散木：无用之木。⑨液樠（mán）：脂液外渗。⑩蠹（dù）：虫蛀。

【译文】有个名叫石的木匠去齐国，来到曲辕这个地方，看见一棵长在祭祀土地神的社中的栎树。这棵栎树的树冠大到可以为数千头牛遮荫，树身粗上百尺，树梢高出山头，离地面八十尺处方才分枝，能用来造船的旁枝就有十来枝。观赏的人群像赶集似的熙熙攘攘，络绎不绝，而这位木匠却不愿看，只是不停步地往前走。他的徒弟站在树旁看了个够，然后跑着追上了名叫石的木匠，说："自我拿起刀斧跟随先生，从不曾见过这样高大的树木。而先生却不肯看一眼，只顾往前走，为什么呢？"名叫石的木匠回答说："算了，不要再提它了！那是一棵没有用处的闲散之木。用它做成船会快速沉没，用它做成棺椁会很快腐烂，用它做成器皿会很快坏掉，用它做成屋门会流脂而不合缝，用它做成屋柱会被虫蛀蚀，是一棵不能作为材料的树。正因为没有什么用处，所以才如此长寿。"

山木，自寇[①]也；膏[②]火，自煎也。桂可食，故伐之；漆可用，故割之。人皆知有用之用，而莫知无用之用也。

——《庄子·人间世》

【注释】①自寇：自招砍伐。②膏：油脂。

【译文】山上的树木都因为材质可用而自身招致砍伐；油脂燃起烛火可以照明，因而自取燃烧。桂树皮芳香可以食用，因而遭到砍伐；树漆因为可以派上用场，所以遭受刀斧割裂。人们都知道有用的用处，却不懂得无用的更大用处。

夫函[①]车之兽，介[②]而离山，则不免于罔罟[③]之患；吞舟之鱼，砀[④]而失水，则蚁能苦之。故鸟兽不厌高，鱼鳖不厌深。夫全其形生[⑤]之人，藏其身也，不厌深眇[⑥]而已矣！

——《庄子·庚桑楚》

【注释】①函：通“含”，吞。②介：单独。③罔罟（gǔ）：捕鸟兽的网。罔，通“网”。罟，捕鱼的网。④砀（dàng）：被荡出，流荡。⑤生：通“性”。⑥眇：远。

【译文】张口能吞掉车的巨兽，如果单独地离开了山林，就难免被猎人用他们的网捉住而身遭大祸；一口能吞掉大船的鱼，如果因水涨水落潮汐激荡而离开了水搁浅在岸上，蚂蚁们也能爬满它的身体吃它的肉。所以鸟兽并不害怕山的高，鱼鳖也会不讨厌水的深。要保全身体修养性情的人，只是想找个地方躲起来过自己的日子罢了，他们所讨厌的既不是山高，也不是水深，而是一不小心就招惹得人们来注意他呀。

孔子围于陈蔡之间，七日不火食[①]。大公任[②]往吊[③]之，曰：“子几死乎？”曰：“然。”“子恶死乎？”曰：“然。”任曰：“予尝言不死之道。东海有鸟焉，其名曰意怠。其为鸟也，翂翂翐翐[④]，而似无能；引援而飞，迫胁[⑤]而栖；进不敢为前，退不敢为后；食不敢先尝，必取其绪[⑥]。是故其行列不斥，而外人卒不得害，是以免于患。直木先伐，甘井先竭。子其意者饰知以惊愚，修身以明汙[⑦]，昭昭乎如揭[⑧]日月而行，故不免也。昔吾闻之大成之人曰：‘自伐者无功，功成者堕，名成者亏。’孰能去功与名而还与众人！道流而不名居，得[⑨]行而不名[⑩]处；纯纯常常，乃比于狂；削迹捐势，不为功名。是故无责于人，人亦无责焉。至人不闻，子何喜哉！”孔子曰：“善哉!”辞其交游,去其弟子,逃于大泽,衣裘褐[11],食杼[12]栗,入兽不乱群,入鸟不乱行。鸟兽不恶,而况人乎!

——《庄子·山木》

【注释】①火食:指生火做饭。②大公任:虚构的人物。③吊:慰问。④翂翂(fēn)翐翐(zhì):迟缓不能高飞的样子。⑤迫胁:即偎依,挤在众鸟之中。⑥绪:残剩的食物。⑦明汙(wū):显露别人的污秽。汙,通“污”。⑧揭:举。⑨得:通“德”。⑩名:通“明”。⑪裘褐:粗陋的衣服。⑫杼:即橡子。

【译文】孔子一行被围困在陈国与蔡国之间,七天没有生火做饭。大公任前往慰问说:“先生快要饿死了吧?”孔子回答说:“是啊。”大公任又问:“您厌恶死吗?”孔子回答说:“是的。”大公任说:“我试说说不死的道理。东海上有一种鸟,它的名字叫意怠。这种鸟飞得又低又慢,好像很无能的样子;它要别的鸟协助才能起飞,和众鸟偎依在一起栖息;前进时不敢在前,后退时不敢殿后;吃东西不敢先尝,一定要别的鸟吃剩下了才敢吃。因此,它在鸟群中也就不被排斥,人也终于不能加害于它,所以得免于祸难。挺拔的树木先遭砍伐,甘美的水井先枯竭。您把心思用在礼仪上想唤醒愚昧,修养德行以显示别人的卑污,光明显赫像是在举着日月行走,所以也就难免遭受各种各样的艰难险阻。以前我听得道的人说过:‘自我夸耀的人没有功绩,功成不退的就会遭到失败,名声显赫的人就会吃亏。’谁能舍弃功名而混迹于普通人之中啊!大道变化流传天下却不是明白可见的,德行广被于世却是不自显的;纯一而恒常的而行为平常，就像随心所欲、任意而为的人一样；消除形迹抛弃势位，不追求功名。不去责备别人，别人也不会责备你。道行最高的人是不求闻名于世的，您又为什么有那么多的追求呢？”孔子说：“说得好啊！”于是辞别朋友，离开弟子，逃往旷野之中，穿粗陋的衣服，吃着橡子和栗子，进入兽群中野兽不惊，接近鸟群中不扰乱鸟的行列。鸟兽都不厌恶他，何况是人呢！

庄子行于山中，见大木，枝叶盛茂。伐木者止其旁而不取也。问其故，曰：“无所可用。”庄子曰：“此木以不材得终其天年。”夫子① 出于山，舍② 于故人之家。故人喜，命竖子③ 杀雁④ 而烹⑤ 之。竖子请曰：“其一能鸣，其一不能鸣，请奚杀？”主人曰：“杀不能鸣者。”明日，弟子问于庄子曰：“昨日山中之木，以不材得终其天年；今主人之雁，以不材死。先生将何处？”庄子笑曰：“周将处乎材与不材之间。材与不材之间，似之而非也，故未免乎累。若夫乘道德而浮游则不然，无誉无訾⑥，一龙一蛇，与时俱化，而无肯专为。一上一下，以和为量⑦，浮游乎万物之祖。物物而不物于⑧ 物，则胡可得而累邪！此神农、黄帝之法则也。若夫万物之情，人伦之传⑨ 则不然：合则离，成则毁，廉⑩ 则挫，尊则议，有为则亏，贤则谋，不肖则欺。胡可得而必⑪ 乎哉！悲夫，弟子志⑫ 之，其唯道德之乡⑬ 乎！”

——《庄子·山木》

【注释】① 夫子：指庄子。② 舍：寄宿。③ 竖子：童仆。④ 雁：即鹅。⑤ 烹：通“享”或“飨”，以食物款待客人。⑥ 訾（zǐ）：诋毁，非议。⑦ 量：原则。⑧于：被。⑨传：变化。⑩廉：廉洁。引申为品行端方。⑪必：指拘守于一方。⑫志：通“记”，记住 。⑬乡：通“向”，归向。

【译文】庄子一行人在山中行走，见到一棵大树，枝繁叶茂。伐木的人却停在旁边不砍伐它。庄子问他为什么不伐这棵树，伐木的人回答说：“它没有地方可用。”庄子说：“这棵树是因为不成材才得以终其天年的呀。”庄子从山中走出来，寄宿在友人家中。友人很高兴，就命童仆杀只鹅来招待客人。童仆请示说：“我们有两只鹅，一只能鸣叫，一只不能鸣叫，请问杀哪一只？”主人说：“杀那只不会鸣叫的。”第二天，弟子向庄子问道：“昨天在山中，那棵树因为不成材得以终其天年；现在主人家的鹅，却因不成材而被杀。先生将在成材和不成材之间选择怎样的立身处世之道呢？”庄子笑着说：“我庄周将处在成材与不成材之间。成材与不成材的这种说法，好像和大道相似，实际上都和大道没有关系，所以都不能彻底免于受累害。如果能顺乎自然之道而游于至虚之境就不一样了，既不会博得世人的称誉，也不会招来世人的毁谤，屈伸不定，时上时下，以与天地万物和谐为准则，遨游于未曾有物的虚无之中，按照物的本性去利用万物而不要被外物所役使支配，这样哪里还会受牵累呢！这就是神农、黄帝遵循的法则。至于万物的情况，人间世的事俗的变化就不是这样。聚合转化成分离，成功转化为毁灭，刚直的人容易受到伤害，尊贵的人则容易遭到非议，有所作为就会有损失，有贤名就会被人算计，愚笨就会受到欺辱。怎么才能拘守于一方呢？可悲呀！弟子们要记住。只有用超越的精神回到原初的道德之乡才可以免于世累啊！”

狐丘[①]丈人[②]谓孙叔敖[③]曰:“人有三怨,子之知乎?”孙叔敖曰:“何谓也?”对曰:“爵高者,人妒之;官大者,主恶之;禄厚者,怨逮[④]之。”孙叔敖曰:“吾爵益高,吾志益下;吾官益大,吾心益小[⑤];吾禄益厚,吾施益博。以是免于三怨,可乎?”

——《列子·说符》

【注释】①狐丘:古地名。②丈人:长老。③孙叔敖:春秋时楚国人,楚庄王时任令尹。④逮:及,到。⑤小:小心,谨慎。

【译文】狐丘地方的长老对孙叔敖说:“有三件事常会招人怨恨,您知道吗?”孙叔敖问:“是什么呢?”狐丘长老答道:“爵位高的,人们妒忌他;官衔大的,君主猜忌他;俸禄厚的,怨恨就会临头。”孙叔敖说:“我的爵位越高,我的为人越谦卑;我的官衔越大,我的内心越谨慎;我的俸禄越丰厚,我的施舍越广泛。以此来免除三种怨恨,行吗?”

子列子穷,容貌有饥色。客有言之郑子阳[①]者曰:“列御寇盖有道之士也,居君之国而穷,君无乃为不好士乎?”郑子阳即令官遗之粟。子列子出见使者,再拜而辞。使者去。子列子入,其妻望之而拊[②]心曰:“妾闻为有道者之妻子皆得佚乐[③],今有饥色,君过[④]而遗[⑤]先生食,先生不受,岂不命也哉?”子列子笑谓之曰:“君非自知我也,以人之言而遗我粟,至其罪我也,又且以人之言,此吾所以不受也。”其卒[⑥],民果作难而杀子阳。

——《列子·说符》

【注释】①子阳:郑国国相。②拊(fǔ):拍,击。③佚(yì)乐:即“逸乐”,安逸快乐。④过:探望。⑤遗(wèi):赠予。⑥其卒:后来,终于。

【译文】列子穷困，面带饥色。有门客对郑国国相子阳说："列御寇是有道德的人才，在您的国家中却受穷挨饿，您难道不爱惜人才吗？"子阳听了，当即派遣官员去给列子送粮食。列子出门会见了使者，拜了又拜，谢绝了赠予的粮食。使者便走了。列子进屋，他的妻子怨恨地望着他，捶着胸口说："我听说做有道之士的妻子儿女，都能过上安逸快乐的日子，现在我们穷得面黄肌瘦，国相派人探望，还送给先生粮食，先生不接受，难不成是命里注定要挨饿吗？"列子笑着对她说："国相并非自己了解我，而是听信了别人的话来赠送粮食给我，等到他要加罪于我，又会凭着别人的话语，这就是我不接受粮食的缘由啊。"后来，郑国百姓果然发动叛乱杀死了子阳。

金以刚折，水以柔全，山以高陊①，谷以卑安。是以执雌节者，无争雄之祸。

——《抱朴子·外篇·广譬》

【注释】①陊(duò)：崩塌。

【译文】金属因为刚硬而折断，水凭借柔软而保全，山峰因为高峻而塌落，山谷由于低洼而安定。因此，执守谦让收敛的人没有争强好胜的祸患。

修　　身

知人者智，自知者明。胜人者有力，自胜者强。知足者富，强行者有志，不失其所者久，死而不亡者寿。

——《老子·三十三章》

【译文】能够透彻了解别人的思想行为的人确实聪慧，而能够正确认识自身的长短优劣的人则最为明智。能够战胜对手的人确实有力量，而能够战胜自我的人才真正强大。有知足之心而不贪得无厌的人才算富有，能够勉力行道而不为私欲所惑的人则最有思想，不离开适宜他的生存环境就能够生命长久，而那些身死之后却被人们铭记在心而不能忘怀的人则永垂不朽。

上德不德，是以有德。下德不失德，是以无德。上德无为而无以①为，上仁为之而无以为，上义②为之而有以为。上礼为之而莫之应，则攘臂而扔③之。故失道而后德，失德而后仁，失仁而后义，失义而后礼。夫礼者，忠信之薄④而乱之首。前识⑤者，道之华而愚之始。是以，大丈夫处其厚⑥，不居其薄⑦；处其实，不居其华。故去彼取此。

——《老子·三十八章》

【注释】①以：有心，有意。②义：通“宜”，行事得当。③扔：引，拉。④薄：衰退，不足。⑤前识：先见之明，即所谓“智”。⑥厚：淳厚，指“道”。⑦薄：浇薄，指“礼”。

【译文】尊崇道德的君王无私无欲，根本不追求自己要得到什么东西、获取什么利益，因此被人们尊为有德。而轻视与排斥道德的君王则私欲旺盛，什么都想得到，因此被人们斥为无德。尊崇并体行道德的君王无为不言，顺乎自然，从不为达到个人的什么目的而有意地做什么；崇尚并提倡仁爱的君王总是有所作为，他所做的一切都只是出于自己的仁爱之心，而并非为了个人的私欲，也绝不是为谋取自己的什么利益；崇尚并提倡正义的君王总在做那些他认为合乎正义、合乎事理的事情，他是有所追求的，他的目的就是为了能使上上下下各得其宜。而提倡礼制的君王总在做那些维护礼乐制度以使整个社会尊卑有序的事情，但是没有谁愿意响应他，于是就撸起胳膊强拉着别人让其遵从礼制。因此说在人类社会之初则大道公行，万物顺乎自然而无为自化，其后则私欲产生而大道有所缺失，社会上便开始提倡守“道”而行“德”；而当人们的私欲逐渐增多，“德”也出现缺失时，社会上又开始提倡“仁爱”之说；再后来则私欲转盛，仁爱又出现缺失，人们便又提倡所谓的“正义”；而当私欲盛行于世，“正义”又出现缺失后，人们便又提倡“礼制”。而“礼制”这种东西，过于重视外表的繁文缛节，因此使得正直诚信的风气日渐衰退，而虚伪不实的邪乱之事日渐滋生。其实“先识”只是大道所外现的虚华，而实际上它则是人们愚昧无知的起始。所以堂堂正正的人总是持守质朴淳厚之“道”，而绝不实行虚华无用之“礼”；他的行为总是那么忠厚朴实，而屏弃那些浮华浅薄之事。因此君王应当舍弃后者即浮华浅薄，而取用前者即淳厚质朴。

知不知，上；不知知，病。夫唯病病，是以不病。圣人不病，以其病病，是以不病。

——《老子·七十一章》

【译文】人君虽深通于大道而并不自以为智慧聪明，这是非常高明与值得推崇的；若并不通晓于大道却自以为智慧聪明，那就非常愚蠢而令人厌恶。只有痛恨并革除那些弊病，因此才会不生祸患也没有困辱。那些明道之君常常没有祸患、没有困辱的原因，就是因为他们痛恨那些自以为知的弊病而且能及时革除它们，所以才没有困辱与祸患。

蹍①市人之足，则辞②以放骜③，兄则以妪④，大亲⑤则已矣。故曰：至礼有不人⑥，至义不物⑦，至知⑧不谋，至仁无亲⑨，至信辟金。彻⑩志之勃⑪，解心之谬⑫，去德之累，达道之塞。贵、富、显、严、名、利六者，勃志也；容、动、色、理、气、意六者，谬心也；恶、欲、喜、怒、哀、乐六者，累德也；去、就、取、与、知、能六者，塞道也。此四六者不荡胸中则正，正则静，静则明，明则虚，虚则无为而无不为也。

——《庄子·庚桑楚》

【注释】①蹍（niǎn）：误踩。②辞：道歉。③放骜：放肆傲慢。骜，通“傲”。④妪（yù）：抚慰。⑤大亲：指父母。⑥不人：不分人我。⑦不物：不分物我。⑧知：通“智”。⑨无亲：无所偏爱。⑩彻：通“撤”。⑪勃：当为“悖”字之误。悖，乱。⑫谬：当为“缪”字之误。缪，束缚。

【译文】踩了街上人的脚，会通过说自己向对方道歉；弟弟踩了哥哥的脚，只要稍加抚慰就行了；儿女们误踩了父母的脚，连抚慰都用不着。所以说，最重的礼是不用分出你和我，最高的义是不分物我，最妙的智慧不靠谋虑，最纯的仁爱没有偏爱，最大的信任根本不用签字画押交押金。

撤除意志的悖乱，解除心灵的束缚，抛去道德的牵累，疏通大道的障碍。尊贵、富有、显扬、威严、功名、利禄，这六者都是错乱心志的；姿容、举动、颜色、辞理、义气、情意，这六者都是束缚心灵的；憎恶、爱欲、欢喜、愤怒、悲哀、快乐等六者，都是牵累德性的；舍弃、趋从、贪取、给予、智虑、本领，这六者都是堵塞大道的。如果上述的四个方面的六者不在胸中激荡，人的心就能平正，心神平正就安静，安静就明达，明达就虚通，虚通就无为而无不所不为。

夫水之于汋[①]也，无为而才[②]自然矣；至人之于德也，不修而物不能离焉。若天之自高，地之自厚，日月之自明，夫何修焉！

——《庄子·田子方》

【注释】①汋（zhuó）：水自然涌出。②才：才质，才性。

【译文】水自然涌出，无所作为而水质自然清澈；最高境界的人的德行，不需要修养而万物自然来依附。就像天自然就高，地自然就厚，日月自然就明亮一样，哪里需要修养啊！

鉴[①]明则尘垢不止，止则不明也。久与贤人处则无过。

——《庄子·德充符》

【注释】①鉴：镜子。

【译文】没有尘垢镜子就能明照，有了尘垢镜子就不能明照。常跟贤人在一起便没有过失。

法言[1]曰："无迁令，无劝成，过度益[2]也。"迁令劝成殆事。美成在久，恶成不及改，可不慎与！

——《庄子·人间世》

【注释】①法言：古代的格言。②益：通"溢"。

【译文】古语说："不要随意改变下达的命令，不要强求他人做成力所不及的事情，过头就是多余了。"改变下达的命令和强人所难都是危险的。成就一桩好事要经历很长的时间，坏事一旦做出就后悔莫及了。行为处世能不审慎吗！

凡为名者必廉，廉斯[1]贫；为名者必让，让斯贱。

——《列子·杨朱》

【注释】①斯：则。

【译文】凡是追求名声的人必定要廉洁，廉洁则会导致贫困；追求名声的人必定要谦让，谦让则会导致卑贱。

第五章　性命之情

顺物自然

北宫奢[①]为卫灵公赋敛以为钟[②]，为坛乎郭[③]门之外，三月而成上下之县[④]。王子庆忌[⑤]见而问焉，曰："子何术之设？"奢曰："一之间无敢设也。奢闻之：'既雕既琢，复归于朴。'侗[⑥]乎其无识，傥[⑦]乎其怠疑；萃[⑧]乎芒乎，其送往而迎来；来者勿禁，往者勿止；从其强梁[⑨]，随其曲傅，因其自穷。故朝夕赋敛而毫毛不挫，而况有大涂[⑩]者乎！"

——《庄子·山木》

【注释】①北宫奢：卫国大夫，名奢，居北宫，因以为号。②钟：即编钟，青铜铸成的乐器，悬挂于钟架之上，用槌叩击发音。③郭：外城。④县：通"悬"，钟架。⑤王子庆忌：即吴王僚的儿子。⑥侗(tóng)乎：愚蠢的样子。⑦傥(tǎng)乎：无心的样子。⑧萃：为"茆"之借字。⑨强梁：力大强悍的人。⑩涂：大通之途，即大道。涂，通"途"。

【译文】北宫奢承担了为卫灵公募集费用、铸造编钟的任务，他在外城门外建成了一个铸钟台，三个月就建成了上下两层的钟架。王子庆忌见到北宫奢时问及此事，说："你使用了什么办法，工作进展得如此顺利呀？"北宫奢说："我只是任其自然，而不敢采用人为的办法来增加赋税来加快铸钟的速度。我听说：'既雕刻又琢磨，还要复归于质朴。'我在造钟的时候好像愚蠢得没有知觉，淡漠无心而显得呆头呆脑，人们聚集而来帮我；我的精神茫然恍惚，只是无心地送往迎来；来帮忙的人不禁止，离开的人也不挽留；强横而不肯合作的听其自便，曲意附和的人也随其自由，一任人们自尽其力而不加勉强。所以，虽然我一天到晚地募集人力和物资，百姓却没有受到丝毫损伤，何况又有些慷慨大方的人呢？”

昔者有鸟止于鲁郊，鲁君说[①]之，为具太牢[②]以飨[③]之，奏《九韶》[④]以乐之，鸟乃始忧悲眩视，不敢饮食。此之谓以己养养鸟也。若夫以鸟养养鸟者，宜栖之深林，浮之江湖，食之以委蛇[⑤]，则平陆而已矣。

——《庄子·达生》

【注释】①说：通“悦”。②太牢：古代帝王祭祀社稷时，牛、羊、猪三牲合称“太牢”。③飨(xiǎng)：以酒食款待。④《九韶》：远古时代舜时的乐曲名。⑤委蛇：即蛇。

【译文】从前有只海鸟飞到鲁国都城郊外，鲁国国君很喜欢它，用“太牢”来宴请它，奏《九韶》乐让它快乐，海鸟竟忧愁悲伤，眼花缭乱，不敢吃喝。这叫做按自己的生活习性来养鸟。假若是按鸟的习性来养鸟，就应当让它栖息于幽深的树林，浮游于大江大湖，让它吃蛇肉，就像生活在陆地上一样。

鱼处水而生，人处水而死。彼必相与异，其好恶故异也。故先圣不一其能，不同其事。名止[①]于实，义设于适，是之谓条达而福持[②]。

——《庄子·至乐》

【注释】①止：定立。②福持：福分常驻不离。

【译文】鱼在水里而得生，人在水里就要死。人和鱼类，那肯定是相互之间有巨大差别的，所以它们的好恶也会各不相同。所以，上古的圣人不强求人们的能力一样，且会根据每个人的能力让他们负责不同的事。名称的定立和实际相符，义理的设定也要适合于不同情况，这就叫条理通达而福分常驻不离。

无以人灭天，无以故[①]灭命，无以得[②]殉名。谨守而勿失，是谓反[③]其真。

——《庄子·秋水》

【注释】①故：造作。②得：通"德"。③反：通"返"。

【译文】不要用人为的东西来破坏人的自然天性，也不要装腔作势来和命运抗争，不要为了追求虚名而丧失本性。谨慎地守着自己的自然天性而不要让它丧失，这就是复归自然的真本性。

梁丽[①]可以冲城，而不可以窒穴，言殊器也；骐骥骅骝[②]一日而驰千里，捕鼠不如狸狌[③]，言殊技也；鸱鸺[④]夜撮蚤，察毫末，昼出瞋目而不见丘山，言殊性也。

——《庄子·秋水》

【注释】① 梁丽：栋梁。丽，通"欐"。②骐骥（qí jì）、骅骝（huá liú）：都是古代良马。③狌（shēng）：黄鼠狼。④鸱鸺（chī xiū）：猫头鹰。

【译文】 粗大的梁木可用来冲撞城门，而不可用来堵小洞，这是说它们的功能不同；骐骥骅骝之类的良马一天可以跑千里，可如果让它们捉老鼠，却反不如野猫、黄鼠狼，这是说它们的技能不同；猫头鹰夜里看东西明察秋毫，甚至可以抓住跳蚤，可一到白天，即使睁大眼睛，它连丘山也看不见，这是说物性的不同。

性不可易，命不可变，时不可止，道不可壅。

——《庄子·天运》

【译文】本性不可改变，天命不可变更，时光不会停留，自然之道不会壅塞。

鹄不日浴而白，乌不日黔[①]而黑。

——《庄子·天运》

【注释】①黔：黑色，这里作动词，指染黑。

【译文】白天鹅不需要天天沐浴而自然洁白，黑乌鸦不需要天天染色而自然乌黑。

云将[①]曰："吾遇天难，愿闻一言。"鸿蒙[②]曰："意，心养！汝徒处无为，而物自化。堕尔形体，吐[③]尔聪明，伦与物忘，大同乎涬溟[④]；解心释神，莫[⑤]然无魂。万物云云[⑥]，各复其根，各复其根而不知；浑浑沌沌，终身不离；若彼知之，乃是离之。无问其名，无阙[⑦]其情，物固自生。"

——《庄子·在宥》

【注释】①云将：虚构的人物。②鸿蒙：虚构的人物。③吐：抛弃。④涬（xìng）溟：自然之气。⑤莫：通“漠”。⑥云云：通“芸芸”，众多繁盛的样子。⑦阙：通“窥”。

【译文】云将说：“我碰到您一次很不容易，希望听到您的教诲。”鸿蒙说：“啊，那就修养自己的心以保住自己的本性吧！你只要身处无为之境，万物就会自行生化。毁坏你的形体，抛弃你的聪明，物我两忘，与自然元气浑为一体；缓解心灵，无所计较，漠然无知如同没有灵魂。万物虽然纷纭众多，却都会各自复归它们的本根，复归本根却并不自知；看似浑然无知，却是终身不离开大道；如果有意追求大道，就是背离大道。既不必过问万物之名，也不要窥探万物之实，万物本来是自行生化的。”

夫小惑易方①，大惑易性②。何以知其然邪？自虞氏③招④仁义以挠⑤天下也，天下莫不奔命于仁义，是非以仁义易其性与？

——《庄子·骈拇》

【注释】①易方：指迷失方向。②易性：指丧失自然本性。③虞氏：有虞氏，即舜，姓姚，字重华。④招：举。⑤挠：扰乱。

【译文】小的迷惑会使人迷失方向，大的迷惑会使人丧失自然本性。怎么知道事情是这样的呢？自从虞舜开始，人们就推崇仁义，并用仁义扰乱天下人的自然本性，天下人于是无不为了仁义而奔走效命，这难道不是以仁义偷换了人的自然本性吗？

夫待钩绳规矩[①]而正者，是削[②]其性者也；待绳约[③]胶漆而固者，是侵其德者也；屈折礼乐，呴俞[④]仁义，以慰天下之心者，此失其常然也。天下有常然。常然者，曲者不以钩，直者不以绳，圆者不以规，方者不以矩，附离[⑤]不以胶漆，约束不以纆[⑥]索。故天下诱然[⑦]皆生，而不知其所以生；同焉皆得，而不知其所以得。

——《庄子·骈拇》

【注释】①钩绳规矩：都是古代量具，钩测曲度，绳测垂度与直线，规测圆，矩测方，都可以作为标准，这里喻指社会规范。钩，木工画曲线的工具。②削：戕害。③约：指绳索。④呴（xǔ）俞：和悦的样子。⑤离：通“丽”，依附。⑥纆（mò）：黑色的绳子。⑦诱然：即“油然”。

【译文】依靠钩绳规矩来校正天下万物，这就削损毁坏了事物的自然本性；依靠绳索胶漆使各种事物胶固在一起，这是侵夺了事物的自然存在状态；曲身折体以行礼乐，装出和颜悦色来假扮仁义的样子，想以此慰藉全天下的人心，这就失掉了自然本性。事实上，天下之物各有其自然本性。所谓自然本性，就是弯曲的并不靠曲尺来矫正，垂直的也不靠绳墨来测量，圆的不靠圆规，方的不靠矩尺，黏合在一起的并不依靠胶漆，捆束到一起的也不靠绳索。所以，天地万物都是自然而然地生长出来，人们却并不知道它们为什么会产生；它们同样都获得了各自的自然本性，人们却又不知道它们是怎样得到的。

彼正正者，不失其性命之情[①]。故合者不为骈[②]，而枝者不为跂[③]；长者不为有馀，短者不为不足。是故凫[4]胫[5]虽短，续之则忧；鹤胫虽长，断之则悲。故性长非所断，性短非所续，无所去忧也。

——《庄子·骈拇》

【注释】①性命之情：自然本性之实。②骈（pián）：合，并。③跂：同“歧”，指歧生的脚趾或手指。④凫（fú）：野鸭。⑤胫：小腿。

【译文】那些合乎自然之道的道德，也就是不失自然本性之实。所以，如果脚的大拇指和第二指连生不算连并，旁生出来的手指也不算多余；长得长的不算多余，长得短的也算不上不足。所以野鸭的腿虽然短，续上一截则会让野鸭堪忧；鹤的腿虽然长，截去一段则会让鹤可悲。因此，本性该长的，不去截短它；本性该短的，不去续长它，这样各任其自然则没有什么可忧虑的了。

乐天知命

庄子妻死，惠子吊之，庄子则方箕踞[1]鼓盆[2]而歌。惠子曰：“与人[3]居，长子[4]、老、身死，不哭亦足矣，又鼓盆而歌，不亦甚乎！”庄子曰：“不然。是其始死也，我独何能无概[5]！然察其始而本无生，非徒无生也，而本无形；非徒无形也，而本无气。杂乎芒芴[6]之间，变而有气，气变而有形，形变而有生，今又变而之死，是相与为春秋冬夏四时行也。人且偃然[7]寝于巨室[8]，而我嗷嗷[9]然随而哭之，自以为不通乎命，故止也。”

——《庄子·至乐》

【注释】①箕踞：两脚伸直叉开而坐，形似簸箕，是一种傲慢的行为。

此处表示一种不拘礼节的态度。②鼓盆：叩击瓦缶。盆，瓦缶，是一种瓦质乐器。③人：指庄子妻。④长子：生育子女。⑤概：通“慨”，感触于心。⑥芒芴：恍恍惚惚的样子。⑦偃然：仰卧的样子。⑧巨室：指天地之间。⑨噭噭（jiào）：形容悲哀的哭声。

【译文】庄子的妻子死了，惠子来吊丧，庄子正两腿伸直叉开坐在地上敲击瓦盆唱歌。惠子说：“你和妻子过了一辈子，她为你生育子女，与你白头偕老，现在她死了，你不哭也就够了，却在这里敲着瓦盆唱歌，不是太过分了吗？”庄子说：“不是这样的。她刚死的时候，我难道能不悲伤吗？然而推究起来，她最初本来是未曾有生命的，不但是没有生命，而且本来也没有形体；不但没有形体，而且没有元气。她在那恍惚迷离的状态中，变化而有了元气，元气再变化就有了形体，形体再变化才有了生命，现在又变化而至死亡，这就像春夏秋冬四季运行一样。现在她人还安安稳稳地仰卧在天地之间，而我在旁边呜呜地哭个不停，我以为这是对天命不通达的表现，所以就不哭了。”

舜问乎丞[①]曰：“道可得而有乎？”曰：“汝身非汝有也，汝何得有夫道！”舜曰：“吾身非吾有也，孰有之哉？”曰：“是天地之委[②]形也；生非汝有，是天地之委和也；性命非汝有，是天地之委顺也；子孙非汝有，是天地之委蜕也。故行不知所往，处不知所持，食不知所味。天地之强阳[③]气也，又胡可得而有邪！”

——《庄子·知北游》

【注释】①丞：虚构的人名。②委：托付。③强阳：犹“运动”。

【译文】舜问丞说:"道可以获得并拥有吗?"丞回答说:"你的身体都不属于你,你怎么能拥有道呢!"舜说:"我的身体不属于我,那它属于谁呢?"丞回答说:"你的身体是天地赋予你一个有形之物;你的生命也并不是你所能做主的,而是天地寄托在你形体上的一团和谐之气;你的本性非你所有,是天地赋予给你的自然属性;你的子孙也并不属于你所有,那是天地让你蜕变出来的又一个形体罢了。所以出发时不知道目的地,居住时也不知操守,吃东西不管味道如何。这一切都受大道那阴阳二气的强健运动所支配,你又怎么能获得和拥有大道呢!"

圣人处物不伤物。不伤物者,物亦不能伤也。唯无所伤者,为能与人相将迎。山林与,皋壤[①]与,使我欣欣然而乐与!乐未毕也,哀又继之。哀乐之来,吾不能御,其去弗能止。悲夫,世人直为物逆旅[②]耳!夫知遇而不知所不遇,能能而不能所不能。无知无能者,固人之所不免也。夫务免乎人之所不免者,岂不亦悲哉!至言去言,至为去为。齐知之,所知则浅矣!

——《庄子·知北游》

【注释】①皋壤:平原。②逆旅:旅舍。

【译文】圣人与外物相处而不伤害外物。不伤害外物的人,外物也不能伤害他。只有无所伤害的人,才能与人相交往。山林啊,平原啊,都能使我欣然快乐!快乐还没有完,悲哀就又接着来了。悲哀与快乐的到来,我不能抗拒;它们要离我而去,我也不能阻止。多么可悲呀,世人只不过是为外物所带来的悲哀与欢乐所提供的旅馆罢了!他们只知自己所遭遇到的事物,却不知道自己所不能遇到的事物;人只能做到力所能及的事情，却不能做力所不及的事情。有所不知有所不能，本来就是人所不能避免的。有些人却非要强求避免自己所不能避免的不足，岂不是十分可悲吗？大道之言不用言说，最好的作为是无所作为。想要让人们的认识都一致起来，那实在是浅陋无知的想法。

佹佹[①]成者，俏[②]成也，初非成也；佹佹败者，俏败者也，初非败也。故迷生于俏，俏之际昧然。于俏而不昧然，则不骇外祸，不喜内福；随时动，随时止，智不能知也。信命者于彼我无二心。于彼我而有二心者，不若掩目塞耳，背坂[③]面隍[④]亦不坠仆也。故曰：死生自命也，贫穷自时也。怨夭折者，不知命者也；怨贫穷者，不知时者也。当死不惧，在穷不戚，知命安时也。其使多智之人量利害，料虚实，度人情，得亦中，亡亦中；其少智之人不量利害，不料虚实，不度人情，得亦中，亡亦中。量与不量，料与不料，度与不度，奚以异？唯亡所量，亡所不量，则全而亡丧。亦非知全，亦非知丧，自全也，自亡也，自丧也。

——《列子·力命》

【注释】①佹佹（guǐ）：几乎，将近的样子。②俏：通“肖”，相似。③坂（bǎn）：山坡。这里指城墙。④隍：没有水的护城壕。

【译文】差不多要成功了，看似成功，但原本并非成功；差不多要失败了，看似失败，但原本并非失败。所以迷惑产生于相似，在相似的边界上事物变得蒙昧不清，难以分辨。如果能不迷惑于相似性，就不会因为外来的灾祸而惊骇，也不会为自身的福泽而欣喜；顺应时势而动，顺应时势而止，这单凭智力是不能明了的。相信天命的人对于外物和自身没有喜惧之心。对于外物和自身存在喜惧之心的人，不如闭目塞听，这样背对城墙面朝城壕也不至于坠落下去。所以说：死生定自天命，贫穷源于时机。抱怨短命夭折的人，不明白天命；抱怨贫穷困苦的人，不明白时机。面对着死亡而不恐惧，身处于穷困而不悲戚，是洞达天命随遇而安的表现。假使让足智多谋的人去衡量利害，预料虚实，揣度人情，行事正确的是一半，失误的也是一半；假使让愚笨无计的人不衡量利害，不预料虚实，不揣度人情，行事正确的也是一半，失误的也是一半。衡量与不衡量，预料与不预料，揣度与不揣度，又有什么差别呢？只有对什么都不去估量，而又无所不估量，才能保全本性而无所丧失。也并非凭借着智识得以保全，也并非由于智识而导致丧失，它们都是自然而然地保全，自然而然地消亡，自然而然地丧失的。

杨布[①]问曰："有人于此，年兄弟[②]也，言[③]兄弟也，才兄弟也，貌兄弟也；而寿夭父子也，贵贱父子也，名誉父子也，爱憎父子也。吾惑之。"杨子曰："古之人有言，吾尝识之，将以告若。不知所以然而然，命也。今昏昏昧昧，纷纷若若，随所为，随所不为。日去日来，孰能知其故？皆命也夫。信命者，亡寿夭；信理者，亡是非；信心者，亡逆顺；信性者，亡安危。则谓之都亡所信，都亡所不信。真矣悫[④]矣，奚去奚就？奚哀奚乐？奚为奚不为？《黄帝之书》云：'至人居若死，动若械。'亦不知所以居，亦不知所以不居；亦不知所以动，亦不知所以不动。亦不以众人之观易其情貌，亦不谓众人之不观不易其情貌。独往独来，独出独入，孰能碍之？"

——《列子·力命》

【注释】①杨布：战国时杨朱之弟。②兄弟：此处比喻两者差别不大。③言：资历。④悫(què)：诚实。

【译文】杨布问他的哥哥杨朱，说："有两个人在这里，年龄差不多，资历差不多，才能差不多，形貌也差不多；而他们的寿命长短相差很大，地位高低相差很大，名誉好坏相差很大，受人爱憎喜恶也相差很大。我对此感到疑惑。"杨朱答道："古人有句话，我曾经记下来，现在拿来告诉你。不知道为什么会这样而这样，就是天命。现如今世间种种昏昏昧昧，纷纷扰扰，任凭你做些事情，或者什么也不做。旧日子流逝了，新日子照样到来。谁又能明白其中的缘由？这都是命啊。相信天命的人，无所谓长寿夭折；相信天理的人，无所谓是非对错；相信本心的人，无所谓逆境顺境；相信天性的人，无所谓安危祸福。这就叫作什么都不信，又什么都相信。真诚的态度，哪里还去考虑何去何从？为何悲哀又为何欢喜？究竟有什么该做又有什么不该做？《黄帝书》写道：'得道的至人静坐着如同死灰，行动时好比木偶。'也不知道为什么坐着，也不知道为什么不坐；也不知道为什么行动，也不知道为什么不动。也不因为众人的看法而改变他的性情容貌。独往独来，独出独进，谁能阻碍他呢？"

魏人有东门吴[①]者，其子死而不忧。其相室[②]曰："公之爱子，天下无有。今子死不忧，何也？"东门吴曰："吾常[③]无子，无子之时不忧。今子死，乃与向无子同，臣奚忧焉？"

——《列子·力命》

【注释】①东门吴：人名，复姓东门。一说，姓吴，因居住在城东门而得名。②相室：管家。③常：通“尝”，曾经。

【译文】魏国有个叫东门吴的人，他的儿子死了，而他并不伤心。管家问他：“您对儿子的疼爱，天下无人能及。现在儿子死了，您却不伤心，为什么呢？”东门吴说：“我曾经没有儿子，没有儿子的时候我并不伤心。现在儿子死了，就和过去没有儿子的时候一样，我又有什么可伤心的呢？”

农赴时，商趣[1]利，工追术，仕逐势，势使然也。然农有水旱，商有得失，工有成败，仕有遇[2]否[3]，命使然也。

——《列子·力命》

【注释】①趣(qū)：趋向，追逐。②遇：顺畅。这里指顺境。③否(pǐ)：阻滞。这里指逆境。

【译文】农民抢赶时令，商人追逐利益，工匠讲究技艺，官吏争夺权势，是情势使得他们这样的。然而务农会遇上旱涝之灾，经商会有盈利亏损，做工难免成功失败，当官也有顺逆之境，这都是命运造成的。

否泰有命，通塞听天。

——《抱朴子·外篇·应嘲》

【译文】人生道路顺利与否有命运的安排，显达和困厄听凭上天。

第六章　辩证大观

辩　　证

天下皆知美之为美，斯[1]恶已；皆知善之为善，斯不善已。有无相生，难易相成，长短相形，高下相盈，音声相和，前后相随，恒也。是以圣人[2]处无为之事，行不言[3]之教。万物作而弗始，生而弗有，为而弗恃，功成而弗居。夫唯弗居，是以不去[4]。

——《老子·二章》

【注释】①斯：则，就。②圣人：道家最高的理想人物。此处指符合道家政治原则的统治者。③不言：不待语言。此处指统治者少发号教令和政令。④不去：不会失去。

【译文】如果天下之人都知道去做那些所谓的美事，那么美事就会变得不美了；如果天下之人都知道去做那些所谓的善事，那么善事就会变得不善了。有与无的相互转化，难与易的彼此促成，长与短的相形而见，高与低的相益而生，音与声的相和相应，先与后的相随相依，这些总是客观存在且恒久不变的。因此，明道之君总是无欲无为，顺乎自然，不依个人的心志欲念去施政治国，不依自己的主观意愿去颁布教令。万物孕育初起时不以自己的意志去促使其兴起，万物运化成长时不以自己的想法而将其占为己有，万物成就功业时也不自居其功而矜夸骄傲。你不自居其功，那功德当然也就不会离你而去了。

曲则全，枉[1]则直，窪[2]则盈，敝则新，少则得，多则惑。是以圣人抱一为天下式[3]。不自见，故明；不自是，故彰；不自伐[4]，故有功；不自矜[5]，故长。夫唯不争，故天下莫能与之争。古之所谓“曲则全”者，岂虚言哉？诚全而归之。

——《老子·二十二章》

【注释】①枉：弯曲，屈就。②窪（wā）：低洼。③式：范式，模式。④伐：夸耀。⑤矜：骄傲。

【译文】那些能够柔弱委曲以与外物保持顺适的，才能坚韧有恒而保全其身；那些能够枉曲其身而使之与环境保持和谐的，才能确实做到端平正直；低洼之地才能存聚泥水而逐渐淤积增高；破败之物清除之后，才能更换使用新的东西；空手抓物而知足不贪，才能有所获得；如果已经握持其物而依然贪多，反而会心生疑惑而不知所措。因此明道之君总是抱一守道，以虚静无为作为其行政施教的根本法则。处世不炫耀自己，因此能明达事理而畅通于万物；理政不自以为是，因此能被人拥戴而声名显赫；不夸耀自己的功劳而将功劳归于臣下，因此能使群臣尽力效命而成就大业；不以为自己贤能而虚怀若谷，因此能被人尊崇而成为君长。就是因为他不与人争，所以天下之人没有谁能够与之相争。古语所说的“曲则全”，难道是虚妄之言而不可相信吗？只要你虚静处下，无欲无为，确确实实就会使得天下之人归心于你。

企[①]者不立，跨[②]者不行。自见者不明，自是者不彰，自伐者无功，自矜者不长。其在道也，曰：余食赘行。物或恶之，故有道者不处。

——《老子·二十四章》

【注释】①企：翘起脚尖，脚跟不着地。②跨：叉开双腿，抬腿迈步。

【译文】抬起脚跟用脚尖站立就不可能持久，叉开两腿跨步向前走就不可能远行。固执己见的人绝不会把什么事情都看得清清楚楚，自以为是的人不可能把是非曲直都弄得明明白白，自我炫耀而称扬己功的人绝不会创建伟大不凡的业绩，自我尊大而矜夸其能的人不会被百姓拥戴而成为君王。这自见、自是、自伐、自矜的行为，在"道"看来就如同剩饭、赘肉，都是多余无用的东西。凡人大众都还厌恶它们，有道的君王自然也不会与之为伍而居处其中。

重为轻根，静为躁君[①]。是以君子终日行，不离辎重[②]。虽有荣观[③]，燕处[④]超然。奈何万乘之主[⑤]，而以身轻天下？轻则失根，躁则失君。

——《老子·二十六章》

【注释】①君：主宰。②辎重：古代军中载运军需物资（衣粮军械）的车。③荣观：繁华、漂亮的宫馆。观，通"馆"。④燕处：指安居。⑤万乘之主：古代大国发动战争时可以动用万部战车，一部车叫作一乘；"万乘之主"即喻指大国的国君。

【译文】厚重是轻浮的根基，清静是躁动的主宰。因此君子离家远行，始终都不会离开他赖以生存的粮草辎重。即使有繁华富丽的宫馆可以享受，他也安心静气，超然物外而不为所动。为什么一个大国的君王，却因为自身的私心贪欲与追求享乐，而看轻天下国家以至于弃置不顾呢？行私贪求就等于丧失了自身存在的根本，多欲躁动就等于脱离了清静无为的基础，这还怎么能治理好家国天下呢？

善行，无辙迹；善言，无瑕谪①；善数，不用筹策②；善闭，无关楗③而不可开；善结，无绳约④而不可解。是以圣人常善救人，故无弃人，常善救物，故无弃物。是谓袭明⑤。故善人者，不善人之师，不善人者，善人之资。不贵其师，不爱其资，虽智大迷。是谓要妙。

——《老子·二十七章》

【注释】①瑕谪：缺点，过失，疵病。②筹策：古代计算物品数量时所用的竹片，相当于现在所谓的“筹码”。③关楗：门闩。楗，通“键”。④绳约：用绳子捆住物体。⑤明：聪明，指一种与“道”相符的智慧。

【译文】那些善于行走的人，绝不会留下辙痕足迹而被人发现；那些善于论说的人，不会出现错词误语而遭人谴责；那些精熟于计数的人，用不着使用算筹之具就能计算得准确无误；那些擅长禁闭门户的人，用不着门栓就能将大门闭合得牢固严密而不易开启；而那些专精于结扎捆缚的人，即使不用绳索来缠束捆扎，别人也无法解开。所以明道之君利用人和物治理天下时，总是能人尽其才而无废弃之人，总是能物尽其用而无闲置之物，这就是循守常道而顺其自然。故而那些贤能的善人，乃是善人所当效法的老师；而那些不善之人，则是善人所以借鉴的助资。如果不尊敬那些老师，不珍惜那些借鉴之资，就是聪明人也会被弄得头昏脑涨，迷惑不清。这些就是幽微精妙的大“道”之理。

物壮则老。

——《老子·三十章》

【译文】所有事物都是壮大以后继而疲惫衰败的。

大道汜[①]兮，其可左右。万物恃之而生而不辞[②]，功成而不有。衣食万物而不为主，常无欲，可名于小；万物归焉而不为主，可名为大。以其终不自为大，故能成其大。

——《老子·三十四章》

【注释】①汜：同“泛”，指“道”像水一样四外漫流、泛滥。②辞：管理，干涉。

【译文】大道是多么普遍广博啊，它或左或右，无所不在。古往今来，天地万物倚赖它生存与发展，它却从不因此而对万物进行干涉；天下万事由于它而成就功业，它却从未以此自我夸耀。虽然它保育抚养天地万物，却从不谋求主宰它们，它总是无私无欲，虚静无为，因此可以把它称为“小”；天地万物虽然归依于它，它却从不主宰支配万物，它原本就无名无形，无所不在，因此又可以把它称为“大”。因此，明道之君能够被人尊崇而统治天下的根本原因，就在于他自始至终都不妄自尊大而能虚静处下，所以才能够为天下人所归附和拥护，而成就其君王的尊贵与伟大。

将欲歙[1]之，必固张之，将欲弱之，必固强之；将欲去之，必固与之；将欲取之，必固予之。是谓微明。柔弱胜刚强。鱼不可脱于渊，国之利器不可以示人。

——《老子·三十六章》

【注释】①歙：收敛，与“张”意思相反。

【译文】世间之物，将要收缩时，必定要原本就先扩张；将要软弱时，必定要原本就先强硬；将要离弃它时，必然要原本就先对它的亲近；将要夺取其物时，必然要原本就先对它的给予。这些都是看似微妙而十分显明的道理。像鱼儿藏身渊潭之中而不能脱离于水一样，明道之君时刻也不能离开虚静无为的大道。而这件利国的工具，是要深藏不露而不能随便告诉别人的。

贵以贱为本，高以下为基。是以侯王自谓孤、寡、不穀[1]。此非以贱为本邪？非乎？故致数舆[2]无舆。不欲琭琭[3]如玉，珞珞[4]如石。

——《老子·三十九章》

【注释】①穀(gǔ)：善。②舆：通“誉”，荣誉。③琭琭(lù)：玉美的样子。④珞珞(luò)：玉石很差的样子。

【译文】世间之物，尊贵者必定以低贱者为根本，崇高者必定以卑下者为基础。君王以孤、寡、不穀称呼自我，这不就是以低贱为其根本吗！难道不是这样吗？所以，如果千方百计地争取荣誉以至于达到极端，反而就不会被人们尊崇和赞誉。因此君王必须虚静处下，无为不争，不要像晶莹润美的宝玉一样高贵无比，而要像普通低贱的山石一样质朴无华。

明道若昧[①]，进道若退，夷道若纇[②]，上德若谷，大白若辱[③]，广德若不足，建[④]德若偷[⑤]，质真若渝[⑥]。大方无隅，大器晚成[⑦]，大音希声，大象无形。道隐无名。夫唯道，善贷且成。

——《老子·四十一章》

【注释】①昧：不明。②纇（lèi）：原指丝线错结在一起，这里指道路崎岖不平。③辱：通“黷”，污秽。④建：通“健”。⑤偷：怠惰。⑥渝：变污。⑦成：完备，完全。

【译文】那明亮显赫的大道，却好像黯昧难明；那积极进取的大道，却好像消极退让；那平坦通达的大道，却好像阻遏难通；那尊崇高尚的大德，却好像幽深低下的深谷；那纯洁无瑕的大德，却好像沾染着污浊垢辱；那广博丰厚的大德，却好像虚弱不足；那刚健挺进的大德，却好像苟且怠惰；那质真淳朴的大德，却好像浅薄轻浮。方正之形若至大无比，反而看不见其边缘棱角；所成之器若过于庞大，反而不能看到其全部之形；所发之音若极其洪大，反而听不到其声响；物体之象若宏大辽阔，反而看不清其物形。大道周遍宇内且通达万物，自然也就幽隐微妙而不可知其形，不可称其名。只有这个大道啊，才最善于孕育一切，又最善于成就一切。

大成[1]若缺，其用不弊[2]。大盈若冲[3]，其用不穷。大直若屈，大巧若拙，大辩若讷[4]。躁[5]胜寒，静胜热。清静为天下正[6]。

——《老子·四十五章》

【注释】①大成：最完美的东西，指大道。②弊：通“敝”，破败、衰竭、衰败。③冲：空虚。④讷：不善说话。⑤躁：通“趮”，指急走。天冷时，跑跑跳跳可以不冷。⑥正：通“政”，引申为政治上的首长、首领。

【译文】大道成就万物而圆满完美，而其柔弱处下却好像有所缺失，但它的功用则是永不衰竭的。大道运化万物而刚健充盈，而其虚静无为却好似空虚无物，但它的作用则是无穷无尽的。循守大道的人无私无欲而正直公平，而其顺适万物之自然，时曲则曲，时伸则伸，则好像其身委屈而不正；成就万物而至巧至能，而其处虚守静，谦下不争，则好似其身笨拙而愚昧；统治天下而多得民心，而其守辱处下，自称贱名，则好似有所亏损缺失。疾行急走能够战胜寒冷，静心安卧可以消除烦热。只要处虚守静，无为不言，君王就能够行教施政而使社会安定。

其政闷闷[1]，其民淳淳；其政察察[2]，其民缺缺[3]。祸兮，福之所倚；福兮，祸之所伏。孰知其极？其无正也。正复为奇，善复为妖[4]。人之迷，其日固久！是以圣人方而不割，廉[5]而不刿[6]，直而不肆，光而不耀[7]。

——《老子·五十八章》

【注释】①闷闷：通“润润”，水混浊的样子。这里借指国家政治的宽厚、广大。②察察：清明的样子。③缺缺：通“狭狭”，狡诈的样子。④妖：

恶，不善。⑤廉：通“棱”。⑥刿：指用刀尖刺物。⑦耀：光刺眼，过分明亮。

【译文】人君治国施政，若能无欲无求，无为不言，那么百姓也就会淳朴敦厚；反之，其为政治国若详审苛察，吹毛求疵，那么百姓也就会奸诈狡猾。祸患啊，往往倚依而存在着福瑞；福瑞呢，又总是依存而潜伏着祸患。又有谁知道祸患和福瑞相互转变的终结呢？祸福的相互转化是没有确定不变的终点的。正常的事物会转变为反常的，美善的东西又会转变成妖异的。人们迷惑于这种祸福、正奇、善妖的相互转化原本已经很久了。因此明道之君总是能够持守大道、方正诚实却又不损伤别人，总是能够严肃认真、是非分明却又不伤害他人，总是能够率直淳朴、天真自然而又不放纵恣肆，总是能够光明正大、神采奕奕，却又能够和光同尘而不耀眼刺眼。

图[①]难于其易，为大于其细。天下难事必作[②]于易，天下大事必作于细。是以圣人终不为大，故能成其大。夫轻诺必寡信，多易必多难。是以圣人犹难之，故终无难矣。

——《老子·六十三章》

【注释】①图：考虑，处理。②作：开始。

【译文】解决困难问题要从简易的地方着手，实现宏图大业要从细小的事情开始。天下所有困难的事情都兴起于容易之时，天下所有重大的事情都产生于细小之始。因此明道之君始终都不妄自尊大、张扬夸耀，最终却能够成就大业而实现大治。那些轻易作出的许诺必定缺少诚信而难于兑现，总是把事情看得很容易那肯定会遇到很多困难。因此明道之君总是认真对待各种事情，反复仔细地谋划考虑其中的困难，而最终也就没有什么困难了。

合抱之木，生于毫末[①]；九层之台，起于累土[②]；千里之行，始于足下。

——《老子·六十四章》

【注释】①毫末：细小的萌芽。②累土：一筐土。

【译文】那合抱粗的大树，由小芽嫩苗长成；那九重高的楼台，由一筐土开始修建；那千里之遥的行程，由脚下之地开始。

江海之所以能为百谷[①]王者，以其善下之，故能为百谷王。是以圣人欲上民[②]，必以言下之；欲先民[③]，必以身后之。是以圣人，处上而民不重；处前而民不害。是以天下乐推而不厌。以其不争，故天下莫能与之争。

——《老子·六十六章》

【注释】①百谷：百川河流。谷，小溪、小河流。②上民：指把自己摆在百姓之上，即统治百姓。③先民：指站在百姓的前面，即领导百姓。

【译文】大江大海之所以能够成为河川溪谷归流汇聚之地，就是因为它们喜好自己处于最为低洼卑下的地方，所以才能够成为百谷之王。因此明道之君要想位居于百姓之上而被人尊崇，就一定要使自己的言谈话语谦卑低微，甘居人下；要想位居于百姓之前而被人拥戴，就一定要使自己的行为处事柔弱卑下，甘居人后。故而君王虽然位居于百姓之上，但百姓并不因此感到有负担；虽然身居于百姓之前，而百姓并不因此感到有所妨碍。天下之人全都乐意推举他成为君王而并不厌烦其在上位，不就是因为他谦卑处下，无欲不争，因此天下也就没有谁能够同他相争吗？

勇于敢，则杀；勇于不敢，则活。

——《老子·七十三章》

【译文】君王如果勇决果敢，自以为强大盛壮而恣睢暴戾，就会步入死地；君王如果处虚守静，其无欲无为而柔弱不争，就会存活发展，成长壮大。

唯无以天下为者，可以托天下也。

——《庄子·让王》

【译文】只有那些不把治理天下的权位当作一回事的人，才是可以委托天下给他的人。

大白若辱①，盛德若不足。

——《庄子·寓言》

【注释】①辱：通“黷”，污秽。

【译文】清白的人好像污浊，德性高尚的人谦虚得很，总像有所不足。

言无言，终身言，未尝言；终身不言，未尝不言！

——《庄子·寓言》

【译文】如果你说的是不带成见的话，就是一辈子不停地说，却还是等于什么也没说；即使你终身不说一句话，难道就能说明你没有自己的看法吗？

夫寻常①之沟，巨鱼无所还②其体，而鲵鳅③为之制④；步仞⑤之丘陵，巨兽无所隐其躯，而蘖⑥狐为之祥⑦。

——《庄子·庚桑楚》

【注释】①寻常：八尺为寻，二寻为一常。这里指小的尺寸。②还：通“旋”，回。③鲵、鳅：都指小鱼。④制：通“折”，折转回旋。⑤步仞：六尺为步，八尺为仞。⑥蘖(niè)：通“孽”，妖。⑦祥：妖怪，妖孽。

【译文】在小河沟里，大鱼是无法翻转自己的身体的，而小鱼在那里却可以回旋自如，悠哉游哉；在小小的土丘上，大的野兽是无法藏身的，而小狐狸兴妖作怪。

物物者与物无际，而物有际者，所谓物际者也。不际之际，际之不际者也。

——《庄子·知北游》

【译文】道作为化生万物者，它和物之间是没有分界的，而物与物之间是有分界的，这就是物与物之间的界限。用没有分界的道来看待有分界的物，就像用对于有形之物的认识来要求回答一个没有边界的道一样。

凡外重者内拙。

——《庄子·达生》

【译文】凡是对身外之物看得重的人，他的心灵深处也就相对会变得笨拙。

至乐无乐，至誉无誉。

——《庄子·至乐》

【译文】最高的快乐就是无忧无乐，最高的赞誉就是不褒不贬。

年不可举①，时不可止。消息②盈虚，终则有③始。

——《庄子·秋水》

【注释】①举：追攀。②消息：消亡，生长。③有：通“又”。

【译文】过去的年月不可以追攀，流逝的时光不会停止。消亡又生息，盈满又空虚，刚一结束又开始！

以道观之，物无贵贱；以物观之，自贵而相贱；以俗观之，贵贱不在己。以差观之，因其所大而大之，则万物莫不大；因其所小而小之，则万物莫不小。

——《庄子·秋水》

【译文】以大道的标准衡量，事物没有贵贱之分；以事物自身的标准来看，万物都以自己为贵而以他物为贱；以世俗的时尚观念为标准，事物的贵贱并不由它自身决定。从事物的差别性来看，如果顺着万物大的一面而认为它是大的，那么万物就没有不是大的；顺着万物小的一面而认为它是小的，那么万物就没有不是小的。

以趣观之，因其所然而然之，则万物莫不然；因其所非而非之，则万物莫不非。

——《庄子·秋水》

【译文】从事物的价值趣向看，顺着万物正确的一面而肯定它，那么万物都是正确的；顺着万物错误的一面而否定它，那么万物都是错误的。

至精无形，至大不可围。

——《庄子·秋水》

【译文】最精微之物没有形体，最大的物没有什么能包围。

可以言论者，物之粗也；可以意致者，物之精也；言之所不能论，意之所不能察致者，不期精粗焉。

——《庄子·秋水》

【译文】可以用语言论述的，都是事物的粗糙的部分；可以在意识中领会到的，是事物的精细的部分；至于语言所不能论述、意识也不可领会到的，就既不是精也不是粗，而是无所谓精和粗了。

夫自细视大者不尽，自大视细者不明。

——《庄子·秋水》

【译文】从细小处去观察庞大的事物是看不完全的，以宏观的眼光看细小的事物是看不清晰的。

知其愚者，非大愚也；知其惑者，非大惑也。大惑者，终身不解；大愚者，终身不灵①。三人行而一人惑，所适②者，犹可致也，惑者少也；二人惑，则劳而不致，惑者胜也。

——《庄子·天地》

【注释】①不灵：不知晓。②适：往。

【译文】知道自己愚昧的人，并不是最愚昧的；知道自己迷惑的人，并不是最迷惑的。最迷惑的人，一辈子也不会醒悟；最愚昧的人，一辈子也不会明白。三个人在一起行走，其中一个人迷惑，要去的地方还是可以到达的，因为迷惑的人毕竟要少些；三个人中如果有两个人迷惑，就会徒劳而到不了目的地，因为迷惑的人占了优势。

天之小人，人之君子；人之君子，天之小人也。

——《庄子·大宗师》

【译文】合于自然的小人就是人世间的君子；人世间的君子就是背离

自然的小人。

人莫鉴[①]于流水而鉴于止水[②],唯止能止众止。

——《庄子·德充符》

【注释】①鉴:镜子,这里用作动词,照镜子。②止水:静止的水。

【译文】人们不能在流动的水中照到自己,而能在静止的水中照到自己,只有那静止的水才能留住众人去当镜子照。

故分也者,有不分也,辩也者,有不辩也。曰:何也?圣人怀之,众人辩之以相示也。故曰:辩也者,有不见也。夫大道不称,大辩不言,大仁不仁,大廉不嗛[①],大勇不忮[②]。道昭而不道,言辩而不及,仁常而不成,廉清而不信,勇忮而不成。五者园[③]而几[④]向方矣!故知止其所不知,至矣。

——《庄子·齐物论》

【注释】①嗛(qiān):通"谦"。②忮(zhì):伤害。③园:通"圆",圆通。④几:近。

【译文】所以,有分别就因为存在着不能分别,有争辩就因为存在着不能争辩。那么有人会问:这是为什么?圣人胸怀广大包容一切,而一般人却争辩以求炫耀。所以说:凡是争辩,就因为自己有看不到的一方面。至高无上的道是不必称扬的,最了不起的辩说是不必言说的,最具仁爱的人是不必向人表示仁爱的,最廉洁的人是不必表示谦让的,最勇敢的人是不会伤害他人的。大道表露出来就不是大道,争辩就有表达不到的地方，仁爱之心经常流露反而成不了仁爱，廉洁到清白无瑕反而不让人相信，勇敢到伤害别人也就不是真的勇敢。这五种情况表明，人人追求圆满而结果总是偏向一方。所以，知道自己所不知道的，就是达到了最高境界。

彼出于是，是亦因彼。彼是方生[①]之说也。虽然，方生方死，方死方生；方可方不可，方不可方可；因是因非，因非因是。是以圣人不由[②]而照之于天，亦因是也。是亦彼也，彼亦是也。彼亦一是非，此亦一是非。果且有彼是乎哉？果且无彼是乎哉？彼是莫得其偶[③]，谓之遭枢。枢始得其环[④]中，以应无穷。是亦一无穷，非亦一无穷也。

——《庄子·齐物论》

【注释】①方生：指惠施“方生方死”的言论。②不由：不取。③偶：对立。④环：指门上下两横槛上的洞，圆空如环，能承受枢的旋转。

【译文】事物的那一面出自事物的这一面，事物的这一面也起因于事物的那一面。这就是惠施的“方生方死”的说法。虽然这样，刚刚产生随即便是死亡，刚刚死亡随即便会复生；刚刚肯定随即就是否定，刚刚否定随即给予肯定；依托正确的一面同时也遵循了错误的一面，依托错误的一面同时也遵循了正确的一面。所以圣人不以这种说法来体察事物的本然，而是因顺自然的道理。事物的这一面也就是事物的那一面，事物的那一面也就是事物的这一面。事物的那一面存在着是与非，事物的这一面也存在着正与误。事物真的有彼此的分别吗？事物真的没有彼此的分别吗？只有一个角度能让事物彼此不相对立，这就是大道的枢纽。抓住大道的枢纽也就居于关键的位置，从而可以顺应事物的自然变化。因为是非的变化都是无穷的。

目将眇①者，先睹秋毫②；耳将聋者，先闻蚋③飞；口将爽④者，先辨淄渑⑤；鼻将窒⑥者，先觉焦朽；体将僵者，先亟⑦犇佚⑧；心将迷者，先识是非：故物不至者则不反。

——《列子·仲尼》

【注释】①眇（miǎo）：瞎，失明。②秋毫：鸟兽在秋天新长出的细毛。比喻极细微的事物。③蚋（ruì）：蚊子。④爽：差。⑤淄（Zī）、渑（Shéng）：都是古水名，在今山东省境内。⑥窒：堵塞。这里引申为失去嗅觉。⑦亟（jí）：急切。⑧犇（bēn）佚：也作“奔逸”，轻松地奔跑疾驰。

【译文】眼睛将要失明的人，反而先能看清细微的毫毛；耳朵将要失聪的人，反而先能听见蚊子飞舞的声音；口舌将要失去味觉的人，反而先能分辨淄水和渑水滋味的差异；鼻子将要失去嗅觉的人，反而先能觉察焦烂腐朽的气味；身体将要僵仆的人，反而先能轻快地奔跑；心智将要迷乱的人，反而先能识别是非：所以事物不发展到极点就不会走向它的反面。

胜　负

故大国以下小国，则取小国；小国以下大国，则取大国。故或下以取，或下而取。

——《老子·六十一章》

【译文】大国能谦卑处下而礼遇小国，就会取得小国的信任与归附；小国若柔弱处下而服从大国，就会归附于大国而得到庇护。因此这世界上有的以谦卑处下而取得别人的拥护，有的则卑微居下而得到别人的庇护。

人之生也柔弱，其死也坚强①；万物草木之生也柔脆，其死也枯槁。故坚强者死之徒②，柔弱者生之徒。是以兵强则灭，木强则折。强大处下，柔弱处上。

——《老子·七十六章》

【注释】①坚强：指人体的僵硬。②徒：类。

【译文】人在活着的时候身体柔和软弱而有弹性，而死亡之后尸体就变得僵硬挺直；万物草木在活着的时候茎枝柔软而脆嫩，而死亡之后茎枝就变得干枯坚硬。所以说，坚强盛壮是归于死亡的一类，而柔嫩软弱是属于存活成长的一类。因此，兵器太过粗大了就非人力所能胜任而不可举动，树木粗壮高大了就会坚硬挺直而不可屈折。所以强大有力的总是居处于低下之位，而柔弱虚静的总是占据高上之位。

天下莫柔弱于水，而攻坚强者莫之能胜，以其无以易之。弱之胜强，柔之胜刚，天下莫不知，莫能行。是以圣人云：受国之垢①，是谓社稷主；受国不祥②，是为天下王。正言若反。

——《老子·七十八章》

【注释】①垢：屈辱。②不祥：灾难，祸殃。

【译文】天下万物没有什么比水更为柔弱的了，然而用它来攻治坚硬的玉石却最为合适，没有什么东西能够超过它，因此也没有什么东西可以替代它。柔软之物能够胜过坚硬之物，弱小之物能够胜过强大之物，天下之人没有不知道这个道理的，可是却没有谁愿意依据这个原理而自处于柔弱。所以明道之君有这样的言语："能够自处于柔弱卑下之地而承当和忍受国家的屈辱，这样的人才是国家的君主。能够自处于柔弱卑下之地而承受国家的灾难和祸殃，这样的人才是天下的帝王。"正面之言、正确之理却好像是反说一样。

天下有常胜之道，有不常胜之道。常胜之道曰柔，常不胜之道曰强。二者亦[①]知，而人未之知。故上古之言：强，先[②]不己若者；柔，先出于己者。先不己若者，至于若己，则殆矣；先出于己者，亡所殆矣。以此胜一身若徒[③]，以此任天下若徒，谓不胜而自胜，不任而自任也。粥子[④]曰："欲刚，必以柔守之；欲强，必以弱保之。积于柔必刚，积于弱必强。观其所积，以知祸福之乡[⑤]。强胜不若己，至于若己者刚[⑥]；柔胜出于己者，其力不可量。"老聃曰："兵强则灭，木强则折。柔弱者生之徒[⑦]，坚强者死之徒。"

——《列子·黄帝》

【注释】①亦：通"易"，容易。②先：指外界的事物。③若徒：如同徒役，意思是甘心为下。④粥(yù)子：即鬻熊。传说他是周文王的老师，后来建立楚国。⑤乡：通“向”，趋向，趋势。⑥刚：应为“戕”（qiāng），残害，含有“折”义。⑦徒：通“途”，道路，途径。

【译文】天下有常胜的道，有不常胜的道。常胜之道叫作柔弱，不常胜之道叫作刚强。二者显而易见，但人们多不知道。所以上古有句话说：依靠刚强，只能战胜不如自己的；依靠柔弱，却能战胜超过自己的。只战胜不如自己的，等到它们和自己相当了，就危险了；战胜超过自己的，就没有危险了。用来战胜身心的是这个道理，用来应付天下的也是这个道理，这叫作虽然不是有意战胜却自然就已战胜，虽然不是有意胜任却自然就已胜任。鬻子说：“要想刚，必定得靠柔来守护；要想强，必定得用弱来保障。柔积蓄起来必定刚，弱积蓄起来必定强。观察它们所积蓄的，就可以知道祸福的趋向了。靠刚强胜过不如自己的，等到它与自己相当就全遭殃；靠柔弱胜过超过自己的，力量便不可估量。”老子说：“兵马强大就会被消灭，树木强硬就会被折断。柔弱是生存的道路，坚强是死亡的途径。”

思　辨

三十辐①共②一毂③，当其无④，有车之用。埏⑤埴⑥以为器，当其无，有器之用。凿户牖⑦以为室，当其无，有室之用。故有之以为利，无之以为用。

——《老子·十一章》

【注释】①辐：车轮中连接轴心和轮圈的直条。②共：通“拱”字，有

“拱卫”“集中”的意思。③毂(gǔ):车轮中间用来插轴的部件。④无:指空处。⑤埏(shān):糅合。⑥埴(zhí):黏土。⑦户牖(yǒu):门窗。

【译文】制作车轮时以三十根辐条会集于车毂上,在把车毂中间挖空以后,才能贯穿车轴于其中,车轮才能转动行走而有了车的功用。搀水和泥而抟揉按压以制作陶器,在把器物做成中空以后,才可以盛装东西而有了器物的功用。挖凿房门和窗子来制作屋室,再把门窗之处的墙壁凿空以后,才可以进进出出、通透光明而有了屋室的功用。因此,当存在其物时能够使人们见到具体的利益,而当空虚无物时则能使人们得到相应的效用。

惠子谓庄子曰:“子言无用。”庄子曰:“知无用而始可与言用矣。天地非不广且大也,人之所用容足耳。然则厕足[①]而堑[②]之,致黄泉,人尚有用乎?”惠子曰:“无用。”庄子曰:“然则无用之为用也亦明矣。”

——《庄子·外物》

【注释】①厕足:两脚旁边的地方。厕,通“侧”。②堑:掘。

【译文】惠施对庄子说:“你的言论总是大而无用。”庄子说:“知道了什么是无用的东西才能和你谈论有用的问题。大地并非不广大,可人所实际使用的只是一个立脚的地方。然而如果把你容下两只脚以外的地方都向深处往下挖,一直挖到黄泉,你的脚踩的那一小块地方还能够像原来那样供你使用吗?”惠施说:“不能用了。”庄子说:“这样说来,无用的东西的用处,也就很明显了。”

第七章　人事之常

处　　世

天长地久。天地所以能长且久者，以其不自生，故能长生。是以圣人后其身而身先，外其身而身存。非以其无私邪？故能成其私。

——《老子·七章》

【译文】古语说“天长地久”。天地之所以能够长久存在的原因是因为它们从不延长自己的生命，所以才能长久生存。因此明道之君若能卑弱处下甘居人后，反而会身在众人之上；若能无欲无私不求自利，反而会身处君王之位。这难道不是因为他无欲无私，反而能够成就自己吗？

上善若水。水善利万物而不争，处众人之所恶，故几① 于道。居善地②，心善渊，与善仁，言善信，政善治，事善能，动善时。夫唯不争，故无尤③。

——《老子·八章》

【注释】①几：接近。②地：低卑。③尤：过失。

【译文】君王的喜好应该如流水一般。水喜好对万物有利而无欲不争，又能处于众人所厌恶的低洼之地，所以接近于“道”。所以，君王应该存身立世能卑微居下，用心存意能幽深沉静，接人待物能慈爱好施，言谈话语能诚信不欺，治国理政能简明条理，行教任事能用人所长，举动行为能合乎时宜。只要君王能够无欲不争，也就绝不会有什么过失。

持而盈之，不如其已。揣①而锐之，不可长保。金玉满堂，莫之能守。富贵而骄，自遗其咎②。功遂身退，天之道也。

——《老子·九章》

【注释】①揣：通“捶”，指捶击使之尖锐。②咎：灾祸。

【译文】手中已然握满了东西仍然贪多欲得而抓握不止，倒不如及早罢手为好。手中已然握执尖利之器还要锤砸不止必欲使之锋锐无比，那绝不可能使其保持长久。大肆聚敛而使得珍宝堆满屋子，这世上没有谁能够守护得住。富有尊贵而骄奢淫侈，那只能给自己招致灾祸。事情成功以后便隐退，这是上天所循行的客观规律。

载营魄①抱一，能无离乎？专②气致柔，能如婴儿③乎？涤除玄览④，能无疵乎？爱民治国，能无知乎？天门⑤开阖，能为雌⑥乎？明白四达，能无为乎？生之畜之，生而不有，为而不恃，长而不宰，是谓玄德。

——《老子·十章》

【注释】①营魄：魂魄，泛指精神、灵魂。②专：通“抟”，结聚。③婴儿：用作动词，成为婴儿。④玄览：指人的内心。览，通“鉴”，指镜子。

⑤天门：耳目口鼻等感官。⑥雌：象征静、寂。

【译文】作为一个君王，你能够做到形神合一，使魂魄不驰于外物而妄自离散吗？能够做到精气团聚而纯真柔和如同婴儿一样吗？能够做到时常清洁自己的心灵使它质纯无邪吗？能够做到治国理民时无欲无为，不用智巧吗？能够在感知外物、认识世界时做到贵柔守雌，虚静自然吗？能够做到行政施教而去私去智，不以自己的耳目聪明而顺乎自然吗？大道化生万物，长养万物，虽然它育生万物却不据为己有，虽然它化成万物却不自恃有恩，虽然它为万物之长却不对其主宰，这就是大道的玄远幽隐之德。

知其雄，守其雌，为天下谿[1]。为天下谿，常德不离，复归于婴儿。知其白，守其黑，为天下式[2]。为天下式，常德不忒[3]，复归于无极。知其荣，守其辱，为天下谷。为天下谷，常德乃足，复归于朴。朴散则为器。圣人用之，则为官长[4]。故大制不割。

——《老子·二十八章》

【注释】①谿（xī）：沟溪、水沟。喻指处卑下地位。②式：模式，典范。③忒（tè）：差失，差错。④官长：百官的首长。

【译文】虽然明知自己身居至尊之位，可以进取有为，但却持守柔弱和顺之性，循行清静无为之道。君王如此，则能虚怀若谷而令天下之人归心，从而永远也不离散其德，返归于纯真质朴、无私无欲的境界如同初生的婴儿一样。虽然周知于天下国家之事，其心聪明智慧，昭然如日，但却昏昏默默如痴如愚而无所知见，君王如此，则能得民众爱戴而成为天下人的法式。能够成为天下人的法式，就会在德行方面丝毫也不出现偏差，就能回归到万物之始的幽隐玄妙之地。虽然早知道自己可以享受荣华富贵，从而显赫荣耀，但却甘心于虚静淡泊，自处于污辱低下之地。君王如此，则能得百姓归附犹如那百川所汇聚的深谷。能够得百姓归附如同百川汇聚的深谷，就会永远具有充盈旺盛的大德，就能返归于纯真质朴的原始状态。朴木经锯割分解，就能加工制作成各种器物，而各种器物又分别有着自己的用途。明道之君则依据此理而因才授职，分设百官，而绝不以私意侵夺官长之职而亲自掌管各种政事。这就是所谓的“大制无割”。

名与身[①]孰亲？身与货孰多[②]？得与亡[③]孰病[④]？甚爱必大费，多藏必厚亡。故知足不辱，知止不殆，可以长久。

——《老子·四十四章》

【注释】①身：指生命。②多：指贵重。③亡：失。④病：害。

【译文】身体为自己之身，名誉为附属之物，哪一个于自己更为可亲呢？身体为自我之体，金玉财货乃身外之物，哪一个于自己更为宝贵而应该珍重呢？得到名声与财货同失掉自己的生命与身体，哪一个对自己造成的危害更为严重呢？过分地贪爱女色一定会极大地耗费精力，过多地聚敛财货必然会招致更为严重的损失。所以，存有知足之心而不贪得无厌就会与人为善而不被别人污辱损害，懂得适可而止而不贪婪聚敛就会与世无争而不会产生危殆，这样心灵适然而身体安逸，当然也就可以长久生存下去了。

为无为，事无事，味无味。大小多少，报怨以德。

——《老子·六十三章》

【译文】君王的所作所为要顺其自然，清静无为；君王的尽职行事要少私寡欲，不生事端；君王的吃喝饮食要清淡适口，不求味道浓厚。要尊尚其柔弱卑微而自甘于谦卑处下，要用体道行德来回应对待别人的怨恨。

其安易持[①]，其未兆易谋，其脆易泮[②]，其微易散。为之于未有，治之于未乱。

——《老子·六十四章》

【注释】①持：维持，保持。②泮(pàn)：分散，分离。

【译文】那些安定稳固的事物往往易于维持，那些尚未发生的事情往往易于谋划，那些松软脆弱的东西往往易于破裂，那些隐微不显的事物往往容易消散。所以，要在事情没有出现之前来安排处置，要在混乱尚未产生之初就治理解决。

我有三宝，持而保之：一曰慈，二曰俭，三曰不敢为天下先。慈，故能勇；俭故能广；不敢为天下先，故能成器[①]长。今舍慈且勇，舍俭且广，舍后且先，死矣。夫慈，以战则胜，以守则固。天[2]将救之，以慈卫之。

——《老子·六十七章》

【注释】①器：万物。②天：天道。

【译文】我总是有三件宝物持守而珍藏于身：一件叫作“慈”，即慈爱恩惠；一件叫作“俭”，即俭约不奢；一件叫作“不敢为天下先”，即柔弱处下而无为不争。持守这个“慈”，就能勇于救施而无所畏惧；持守这个“俭”，就能无灾无祸而久行广用；持守“不敢为天下先”，就能得民众拥戴而真正成为天下之君。现在如果舍弃掉慈爱，只是一味地勇往直前；舍弃掉俭约，只是一味地奢侈贪求；舍弃掉柔弱处下，只是一味地有为争先，那就必定是死路一条。那“慈”是最有力量的，用它攻战就能取胜于敌，用它据守就能稳固自己。上天想要树立什么人，就会用慈爱恩惠来护卫保佑着他。

善为士[1]者，不武[2]；善战者，不怒；善胜敌者，不与[3]；善用人者，为之下。是谓不争之德，是谓用人之力，是谓配天，古之极[4]。

——《老子·六十八章》

【注释】①士：将帅。②不武：指不崇尚武力，不轻易动武。③与：互相打斗，交战。④极：标准，准则。

【译文】善于统领百官的君王，从来就是顺乎自然、虚静无为而没有刚健威猛、咄咄逼人的架势；善于攻战杀敌的将帅，从来就是顺天明理、无私无欲的，决不会由于己心私欲而气恼愤恨；善于用兵胜敌的君王，总是能不战而屈人之兵，决不同敌人打接触战；善于使用人才的君王，总是能守柔处弱、甘居人下而从不会飞扬跋扈、夸耀自我。这些就是清虚自守，无为不争的大德；就是既符合于人事，又符合于天道，是古代君王所遵循的最高准则。

用兵有言：吾不敢为主①而为客②，不敢进③寸而退④尺。……故抗兵相若，哀者胜矣。

——《老子·六十九章》

【注释】①主：指战争时的主动进攻。②客：指战争时的被动防守。③进：指进攻别国的领土。④退：指退守本国领土。

【译文】善用兵者曾说："我不敢耀武逞强去兴兵攻敌，而只是采取守势应敌作战；我不敢轻敌冒进哪怕是只有一寸，而往往会主动后退哪怕是多达数尺。"……所以说，举兵对阵而军力相当的时候，那守柔贵慈、悲戚哀伤的一方就必然会取得胜利。

德荡乎名，知①出乎争。名也者，相札②也；知也者，争之器③也。二者凶器，非所以尽行也。

——《庄子·人间世》

【注释】①知：通"智"，智巧。②札：通"轧"，倾轧。③器：工具。

【译文】德的衰落是由于求名，智巧的产生在于争夺。名是人互相倾轧的原因，智是人互相争斗的工具。二者都像是行凶的工具，不可以推行于世。

且德厚信矼[①]，未达[②]人气；名闻不争，未达人心。而强以仁义绳墨[③]之言术[④]暴人之前者，是以人恶有[⑤]其美也，命之曰菑[⑥]人。菑人者，人必反菑之。若殆为人菑夫。

——《庄子·人间世》

【注释】①信矼(kòng)：信誉可靠。②未达：不了解。③绳墨：法度，规范。④术：同“述”，陈述。⑤有：卖弄。⑥菑(zāi)：通“灾”，害。

【译文】一个人虽然德性纯厚，信誉可靠，可未必能了解别人的意气；一个人虽然不争名声，可未必能知晓别人的心意。如果勉强把仁义规范之类的言辞述说于暴君面前，这就是在拿别人的短行来夸耀自己的美德，这样的做法被认为是在害人。害人的人一定会被别人所害。你这样做恐怕会遭到别人的伤害的呀！

夫支离[注]其形者，犹足以养其身，终其天年，又况支离其德者乎！

——《庄子·人间世》

【注释】支离：指支离疏，假托的人名，“支离”隐含形体不全的意思。

【译文】像支离疏那样形体残缺不全的人，还足以养活自己，终享天年，又何况那忘其德行的人呢！

吴王浮[①]于江，登乎狙[②]之山。众狙见之，恂然[③]弃而走，逃于深蓁[④]。

有一狙焉，委蛇[⑤]攫搔[⑥]，见巧乎王。王射之，敏给[⑦]搏[⑧]捷矢。王命相者[⑨]趋[⑩]射之，狙执死。王顾谓其友颜不疑[⑪]曰："之狙也，伐[⑫]其巧，恃其便，以敖[⑬]予，以至此殛[⑭]也。戒之哉！嗟乎！无以汝色骄人哉？"

——《庄子·徐无鬼》

【注释】①浮：渡。②狙(jū)：猕猴。③恂(xún)然：惊惧的样子。④深蓁(zhēn)：荆棘茂密处。⑤委蛇(wēi yí)：从容的样子。⑥攫搔(jué zhuā)：腾跳。搔，即今"抓"字。⑦敏给：敏捷。⑧搏：接。⑨相者：协助吴王打猎的人。⑩趋：急进。⑪颜不疑：姓颜，字不疑，吴王的朋友。⑫伐：矜夸。⑬敖：通"傲"。⑭殛(jí)：死。

【译文】吴王泛舟于江上，登上猕猴山。群猴看见他们一行人，都恐惧地掉头逃跑，钻进深深的榛木丛中。有一只猴子，却从容自得地攀抓着树枝，在吴王面前表演它的技能灵巧。吴王用箭射它，它却敏捷地接住快速飞来的箭。于是吴王命令随从追上前去一齐射它，这只猕猴就中箭抱树而死了。吴王回头对他的朋友颜不疑说："这只猕猴，在我面前夸耀它的灵巧，仗着它的敏捷来傲视我，结果就是这样死去的下场！你要引以为戒啊！哎哟！不要让别人看到你那骄傲自得的态度啊！"

与物穷者，物入[①]焉；与物且[②]者，其身之不能容，焉能容人！不能容人者无亲，无亲者尽人。兵[③]莫憯[④]于志，镆铘[⑤]为下；寇[⑥]莫大于阴阳，无所逃于天地之间。非阴阳贼[⑦]之，心则使之也。

——《庄子·庚桑楚》

【注释】①入：归附。②且：通“阻”，抵触。③兵：兵器。④憯(cǎn)：毒。⑤镆铘(mò yé)：即莫邪，古代良剑名。⑥寇：敌人。⑦贼：伤害。

【译文】能体察万物终始循环不已的人，万物也会归附他；和外在事物格格不入的人，连自己都无容身之地，怎能宽容他人呢？不能宽容别人的人就不会有人亲近他，没人亲近的人实际是自绝于人。最锐利的兵器是人的心志，连莫邪剑那样锐利的兵器也在其下；人最大的敌人是自己内心的自相矛盾和焦虑不安，这样的人在天地之间是没有地方好躲藏的。其实并不是人心中的阴阳错乱伤害了他，而是他自己的心在驱使着他。

儿子[①]终日嗥[②]而嗌[③]不嗄[④]，和之至也；终日握而手不掜[⑤]，共其德也；终日视而目不瞚[⑥]，偏不在外也。行不知所之，居不知所为，与物委蛇[⑦]而同其波，是卫生之经[⑧]已。……吾固告女曰：“能儿子乎！”儿子动不知所为，行不知所之，身若槁木之枝而心若死灰。若是者，祸亦不至，福亦不来。祸福无有，恶有人灾也！

——《庄子·庚桑楚》

【注释】①儿子：婴儿。②嗥(háo)：哭叫。③嗌(yì)：咽喉。④嗄(shà)：嘶哑。⑤掜(yì)：手筋急促。⑥瞚(shùn)：通“瞬”，眨眼。⑦委蛇(wēi yí)：随顺的样子。⑧卫生之经：卫护生命、保身全生的要领。

【译文】婴儿整天号哭而喉咙却不哽塞嘶哑，这是纯任和顺之声自然发出的缘故；婴儿整天握着拳头而他的手却不会蜷曲，这是他骨弱筋柔而拱守本性所致；婴儿整天看着而不眨眼，这是因为他的目光没有停留在外物上。行走着却不知道要去哪儿，停下来不知要做什么，因顺自然，随波逐流。这就是养护生命的道理了。……我曾告诉你说：“能像婴儿那样天真无邪吗？”婴儿的举动是无意识的，走路时不知要去哪里，身体像枯木而心灵像死灰。到了这种程度，既不会有什么祸，也不求有什么福。无祸无福，哪里还会有人为的灾害呢？

方舟①而济②于河，有虚船③来触舟，虽有惼心④之人不怒。有一人在其上，则呼张歙⑤之。一呼而不闻，再呼而不闻，于是三呼邪，则必以恶声⑥随之。向⑦也不怒而今也怒，向也虚而今也实。人能虚己以游世，其孰能害之！

——《庄子·山木》

【注释】①方舟：指两舟相并。②济：渡。③船：通“船”。④惼(biǎn)心：心胸狭窄。惼，通“褊”，狭小，狭隘。⑤歙(xī)：收敛，引申为向岸边靠拢。⑥恶声：辱骂之声。

【译文】两船相并渡河，如果有只空船来冲撞自家的船，虽然是个心胸狭隘的人也不会发怒。但如果有一个人站在船上，并船渡河的人就一定要大呼小叫地让对方把船撑开或者慢慢地靠岸。呼喊一次没听到，再次呼喊没听到，到第三次呼喊的时候，就一定会发出辱骂之声。之所以原先不发怒而现在却愤怒不已，是因为原先船是空的，没有让你发怒的对象，而现在船上面是有人的，你的怒气当然也就有地方发泄了。人能把自己变成空虚淡漠，在世上漫游，就像那条空船似的，谁还能加害于他呢！

人情

信言不美，美言不信；知者不博，博者不知；善者不多，多者不善。圣人不积，既以为人己愈有，既以与人己愈多。天之道，利而不害；圣人之道，为而不争。

——《老子·八十一章》

【译文】诚信真实的话语总是质朴无华、实实在在，而浮华漂亮的话语则常常虚伪不实；有真知灼见的人从不追求广博宽泛的学问而无所专注，那些广收博览而无所专注的人也绝不会有真知灼见。持守大道而无欲无为的人从不夸矜自大，炫耀自我，而喜好炫耀矜夸的人也绝不会无私无欲，虚静无为。明道之君从不贪求功绩与蓄积财货，拿这些财货馈赠帮助别人之后，自己反而拥有更多的恩德；拿这些功劳给予他人之后，自己反而得到更大的成就。因此说，上天所遵循的原则，是惠及万物而无所妨害；明道之君所遵循的原则，是施予帮助他人而无欲不争。

孔子愀然[①]曰："请问何谓真？"客曰："真者，精诚之至也。不精不诚，不能动人。故强哭者，虽悲不哀；强怒者，虽严不威；强亲者，虽笑不和。真悲无声而哀，真怒未发而威，真亲未笑而和。真在内者，神动于外，是所以贵真也。其用于人理也，事亲则慈孝，事君则忠贞，饮酒则欢乐，处丧则悲哀。忠贞以功为主，饮酒以乐为主，处丧以哀为主，事亲以适为主。功成之美，无一真迹矣。事亲以适，不论所以矣；饮酒以乐，不选其具[2]矣；处丧以哀，无问其礼矣。礼者，世俗之所为也；真者，所以受于天也，自然不可易也。故圣人法天贵真，不拘于俗。愚者反此。不能法天而恤[3]于人，不知贵真，禄禄[4]而受变于俗，故不足。惜哉，子之蚤[5]湛[6]于人伪而晚闻大道也！”

——《庄子·渔父》

【注释】①愀（qiǎo）然：既惊又愧的样子。②具：指饮酒的用具。③恤：担忧，担心。④禄禄：随从的样子。⑤蚤：通“早”。⑥湛（dān）：熏染。

【译文】孔子既惊又愧地问：“请问什么叫作真呢？”渔翁说：“真就是精诚的极点。不精纯不诚实，就不能感动人。所以，勉强哭泣的人，虽表面悲痛而不哀伤；勉强发怒的人，虽表面严厉而不威严；勉强亲热的人，虽面带笑容而不和蔼。真正的悲痛没有声音却很哀伤，真正的愤怒没有发作却很威严，真正的亲热没有笑容却很和蔼。真情处在内心深处，精神就会流露于外，这就是之所以重视真诚的道理。把这种道理运用于人伦关系，侍奉父母就会孝顺，侍奉君主就会忠贞，喝起酒来就会欢乐，守丧时就会悲哀。忠贞以功名为主，饮酒以欢乐为主，守丧以悲哀为主，事亲以安适为主。建立美好的功业，是不求任何形迹的。侍奉父母是为了让他们舒顺安适，就不要考虑用哪种方法；喝酒是为了欢乐，就不要选择使用哪种酒具；守丧就要悲哀，就不要讲究用哪种礼节。礼节，是世俗之人设计出来的；人的真情是秉受于天的，自然是不可以改变的。所以，圣人效法天道而尊重真情，不会拘泥于世俗。愚蠢的人与此相反。他们不能够效法天道却担心不能与世人相合，不懂得尊重真情，而是忙忙碌碌地跟着世俗的变化而变化，所以总是不知满足。可惜啊！你过早地沉溺于世俗的礼乐之中不可自拔，听到大道太晚了！”

人有八疵[①]，事有四患，不可不察也。非其事而事之，谓之摠[②]；莫之顾而进之，谓之佞；希意道言，谓之谄；不择是非而言，谓之谀；好言人之恶，谓之谗；析[③]交[④]离亲，谓之贼；称誉诈伪以败恶人，谓之慝[⑤]；不择善否，两容颊[⑥]适，偷拔其所欲，谓之险。此八疵者，外以乱人，内以伤身，君子不友，明君不臣。所谓四患者：好经大事，变更易常，以挂[⑦]功名，谓之叨[⑧]；专知[⑨]擅事，侵人自用，谓之贪；见过不更，闻谏愈甚，谓之很[⑩]；人同于己则可，不同于己，虽善不善，谓之矜。此四患也。能去八疵，无行四患，而始可教已。

——《庄子·渔父》

【注释】①疵：缺点，毛病。②摠（zǒng）：通“总”，滥。指管事太多。③析：离间。④交：朋友。⑤慝（tè）：邪恶。⑥颊：容貌。⑦挂：谋取。⑧叨（tāo）：贪婪。⑨专知：专用私智。知，通“智”。⑩很：执拗不听从。

【译文】人有八种毛病，事有四种祸患，不可不明察。不是自己应当做的事而去做，叫作揽权；人家不理你还要去进言相劝，叫作巧佞；曲意迎合别人的心意而说话，叫作谄媚；不辨是非而随声附和，叫作阿谀；好说别人的坏话，叫作谗言；离间亲友，叫作陷害；称赞奸诈虚伪的人以败坏有道德的人，叫作邪恶；不辨善恶，两面讨好，暗中却助长私欲，叫作阴险。这八种毛病，对外扰乱别人，对内伤害自身，君子不和他交朋友，明君不用他做大臣。所谓四种祸患：好管大事，变更常规，一心捞取功名，叫作贪婪；独断专行，凌驾人上且自以为是，叫作贪夺；有错不改，听到别人的规劝却变本加厉，叫作执拗；别人赞同自己的意见的就肯定，不赞同自己的意见的就否定，叫作矜夸。这就是四种祸患。能够除去八种毛病，不存在四种祸患的人，才可以受教育。

荃[①]者所以在鱼，得鱼而忘荃；蹄[②]者所以在兔，得兔而忘蹄；言者所以在意，得意而忘言。吾安得夫忘言之人而与之言哉！

——《庄子·外物》

【注释】①荃：通"筌"，一种捕鱼的竹器。②蹄：一种捕兔的工具。

【译文】竹笼是用来捕鱼的，捕到鱼就可以忘了竹笼；兔网是用来捕兔的，捕到兔就可以忘了兔网；语言是用来表达意思的，明白了意思就可以忘了语言。可我到哪里去找到一个遗忘语言的人来和他交谈呢！

庄周家贫，故往贷粟于监河侯[①]。监河侯曰："诺。我将得邑金[②]，将贷子三百金[③]，可乎？"庄周忿然作色曰："周昨来，有中道而呼者，周顾视车辙，中有鲋鱼[④]焉。周问之曰：'鲋鱼来[⑤]，子何为者耶？'对曰：'我，东海之波臣[⑥]也。君岂有斗升之水而活我哉！'周曰：'诺。我且南游吴越之王，激西江[7]之水而迎子，可乎？’鲋鱼忿然作色曰：‘吾失我常与[8]，我无所处。我得斗升之水然活耳。君乃言此，曾不如早索我于枯鱼之肆[9]！’”

——《庄子·外物》

【注释】①监河侯：监河工的官员。②邑金：指年终向采邑内百姓所征收的税粮。③金：古时计算货币的单位。④鲋（fù）鱼：即鲫鱼。⑤来：语助词。⑥波臣：即水族中的臣子。⑦西江：指长江流经四川的部分。⑧常与：常相共处，指水。⑨肆：市场。

【译文】庄周家里很穷，所以他就去找监河侯借粮食。监河侯说：“行啊。我到年终就可以得到我的封邑上百姓交来的税粮，那时借给你折算为三百金的粮食，行吗？”庄周脸色一沉，不高兴地说道：“我昨天来的时候，中途听到了喊叫声。我回头向车辙中一看，那里有一条鲫鱼。我问它说：‘鲫鱼啊，你在这里干什么呀？’它回答说：‘我是东海水族中的臣子。你能不能弄来一斗或一升的水，来救我一命啊！’我说：‘行啊。我正准备去南方游历一番，到时候我说服吴越两国的国王，请他们把西江的水引过来迎接你，行吗？’鲫鱼脸色一沉，不高兴地说道：‘我失去了与我常相守的水，因而没有存身之处。我要求的就是能得到一斗或一升让我活命的水。你现在竟说出这样的话来糊弄我，那你还不如早点到干鱼市场上去，到时候你就可以在那儿找到我了！’”

外物不可必，故龙逄[1]诛，比干[2]戮，箕子[3]狂，恶来[4]死，桀纣亡。人主莫不欲其臣之忠，而忠未必信，故伍员[5]流于江，苌弘[6]死于蜀，藏其血，三年而化为碧。人亲莫不欲其子之孝，而孝未必爱，故孝己[7]忧而曾参悲[8]。

——《庄子·外物》

【注释】①龙逢：夏桀贤臣，姓关，字龙逢，因多次直谏而被斩首。②比干：商纣庶叔，因忠谏被剖心。③箕子：商纣庶叔，因忠谏不从而装疯，但终不免于杀戮。④恶来：商纣佞臣，最终与纣王一同被杀。⑤伍员：即伍子胥。⑥苌弘：周灵王（一说周敬王）贤臣，因遭受谗言而被放逐。回到蜀地后，自恨怀忠招祸，于是自杀而死。他的血三年以后化为碧玉。⑦孝己：殷高宗的儿子，遭后母虐待，忧苦而死。⑧曾参：孔子弟子，字子舆。他为父亲在瓜地除草，误断瓜根，父亲用木杖责打以致他几乎死去。

【译文】外在的事物不可能有客观的确定性的标准。所以关龙逢被杀，比干被挖心，箕子不得不通过装疯来避祸，恶来死于武王伐纣的战争中，桀和纣作为一代国君也不能幸免于国破人亡。君主没有不希望他的臣子尽忠竭智的，但尽忠的人却未必能受到君主的信任，所以伍子胥的尸体被扔进长江中漂流，苌弘屈死在东周的蜀地，他的血保藏了三年之后，因精诚感动天地而化为碧玉。但那又怎么样呢！父母没有不希望子女尽孝的，但是，在礼仪教化下的孝顺未必就是真正的喜爱，所以，孝已忧苦而曾参悲伤。

世俗之人，皆喜人之同乎己而恶人之异于己也。同于己而欲[1]之，异于己而不欲者，以出乎众为心也。夫以出乎众为心者，曷常[2]出乎众哉？

——《庄子·在宥》

【注释】①欲：喜爱。②曷常：何常。

【译文】世俗的人们，都喜欢别人的见解与自己相同而讨厌别人的见解与自己不同。与自己相同的就喜爱他，与自己不同的就不喜爱，这是由于人都有出人头地的心理。有出人头地心理的人，何尝能真的出人头地呀！

偾骄[1]而不可系者，其唯人心乎！

——《庄子·在宥》

【注释】①偾(fèn)骄：指亢奋骄矜，不可禁止。

【译文】强傲放恣而不可约束的，这就是人心啊！

以巧斗力者，始乎阳[1]，常卒乎阴[2]，大至[3]则多奇巧；以礼饮酒者，始乎治[4]，常卒乎乱[5]，大至则多奇乐。凡事亦然，始乎谅[6]，常卒乎鄙[7]。

——《庄子·人间世》

【注释】①阳：指喜。②阴：指怒。③大至：过甚，甚至。④治：指依循规矩。⑤乱：指迷醉大乱。⑥谅：诚信。⑦鄙：欺诈。

【译文】那些以技巧相角力的人，开始时光明正大，到最后常常使出阴谋，甚至诡计百出了。以礼饮酒的人，开始时规规矩矩，到最后常常酒醉迷乱，甚至放荡无忌了。凡事恐怕都是这样，人与人相交，开始时彼此诚信，到最后往往相互欺诈。

夫两喜必多溢美[1]之言，两怒必多溢恶[2]之言。凡溢之类妄，妄则其信之也莫[3]，莫则传言者殃。故法言[4]曰："传其常情[5]，无传其溢言，则几乎全[6]。"

——《庄子·人间世》

【注释】①溢美：夸奖过分。②溢恶：指责过分。③莫：疑惑。④法言：格言。⑤常情：真实无妄之言。⑥全：指免祸全身。

【译文】两国国君喜悦，其言辞必定过分夸奖；两国国君愤怒，其言辞必定过分指责。凡是过分的言辞都流于虚妄，而虚妄的言辞致使相互间不再信任，国君相互不再信任，这时候传话的使者就要遭殃了。所以古语说："要传达真话，不要传达妄语，这样差不多就可以保全自己了。"

大知[1]闲闲[2]，小知间间[3]。大言炎炎[4]，小言詹詹[5]。

——《庄子·齐物论》

【注释】①知：通"智"。②闲闲：广博的样子。③间间：琐细分别的样子。④炎炎：盛气凌人的样子。⑤詹詹：争辩不休的样子。

【译文】有大智慧的人悠闲自若，有小智慧的人斤斤计较；说大话的人气势凌人，说闲话的人争辩不休。

瞽[1]者无以与乎文章[2]之观，聋者无以与乎钟鼓之声。岂唯形骸有聋盲哉？夫知[3]亦有之。

——《庄子·逍遥游》

【注释】①瞽：盲。②文章：花纹。③知：通“智”。

【译文】对于盲人，你无法同他一起欣赏美景；对于聋子，你无法同他一起欣赏音乐。人仅仅是形体有聋有瞎吗？心智也一样有啊！

周宣王[1]之牧正[2]有役人梁鸯者，能养野禽兽，委[3]食[4]于园庭之内，虽虎狼雕鹗[5]之类，无不柔顺者。雄雌在前，孳尾[6]成群，异类杂居，不相搏噬也。王虑其术终于其身，令毛丘园[7]传之。梁鸯曰：“鸯，贱役也，何术以告尔？惧王之谓隐于尔也，且一言我养虎之法。凡顺之则喜，逆之则怒，此有血气者之性也。然喜怒岂妄发哉？皆逆之所犯也。夫食虎者，不敢以生物与之，为其杀之之怒也；不敢以全物与之，为其碎之之怒也。时[8]其饥饱，达其怒心。虎之与人异类，而媚养已者，顺也；故其杀之，逆也。然则吾岂敢逆之使怒哉？亦不顺之使喜也。夫喜之复也必怒，怒之复也常喜，皆不中也。今吾心无逆顺者也，则鸟兽之视吾，犹其侪[9]也。故游吾园者，不思高林旷泽；寝吾庭者，不愿[10]深山幽谷，理使然也。”

——《列子·黄帝》

【注释】①周宣主：西周末国王，名靖，厉王之子，公元前828—公元前782年在位。②牧正：牧官之长，主管畜牧。③委：委托，此处引申为投送。④食(sì)：喂食，给食。⑤鹗(è)：又名“鱼鹰”，常活动于江河海滨，善于捕食鱼类。⑥孳(zī)尾:动物生育繁殖。孳,生息,繁殖。尾,交合。⑦毛丘园:人名,姓氏,名丘园。⑧时:通“伺”,伺候。⑨侪(chái):同类,同辈。⑩愿:思恋。

【译文】周宣王的牧正有一个仆役名叫梁鸯,善于驯养野生的飞禽走兽,他在庭园里喂养它们,即使是老虎、豺狼、雕鹰、鹗鸟这些凶猛禽兽,没有不柔顺驯服的。雄的雌的交配繁殖成群的幼禽稚兽,不同种类的禽兽混杂居住在一起,不互相搏斗噬咬。周宣王担心这种驯养技术在梁鸯身上终结,就命令毛丘园去继承他。梁鸯说:“我梁鸯只是一个卑贱的仆役,有什么技术可以告诉你呢?但又怕周宣王说我对你隐瞒技术,那就说一说我驯养老虎的方法吧。凡是顺着它就高兴,违逆它就发怒,这是有血性的动物的天性。但是高兴和愤怒难道会无端发作吗?都是因为违逆它所导致的。饲养老虎,我不敢用活的动物喂它,因为它奋力咬杀活物就会诱发怒气;我也不敢用完整的动物喂它,因为它撕碎动物也会诱发怒气。要按它的饥饱给它喂食,顺从它喜怒无常的性情。老虎和人是不同的种类,能让老虎喜欢饲养它的人,是由于依顺它;而它故意伤人的时候,是由于人违逆了它。这样我又怎么敢违逆它而使它发怒呢?但也不完全顺从它而使它高兴。因为高兴到了一定程度就会发怒,发怒到了一定程度就会高兴,都是不得当不适宜的缘故。现在我的心里没有违逆它或顺从它的想法,这样飞禽走兽看待我,就和看待它们的同类一样。所以在我的庭园里游走的禽兽,不思念森林湖泊;在我的庭园里休憩的禽兽,不怀恋深山幽谷,就是顺其自然而使它们这样的。”

状不必童[1]，而智童；智不必童，而状童。圣人取童智而遗童状，众人取童状而疏童智。状与我童者，近而爱之；状与我异者，疏而畏之。有七尺之骸，手足之异，戴发含齿，倚[2]而趣[3]者，谓之人；而人未必无兽心。虽有兽心，以状而见亲矣。傅翼戴角，分牙布爪，仰飞伏走，谓之禽兽；而禽兽未必无人心。虽有人心，以状而见疏矣。庖牺氏[4]、女娲氏[5]、神农氏[6]、夏后氏[7]，蛇身人面，牛首虎鼻：此有非人之状，而有大圣之德。夏桀[8]、殷纣[9]、鲁桓[10]、楚穆[11]，状貌七窍，皆同于人，而有禽兽之心。而众人守一状以求至智，未可几[12]也。

——《列子·黄帝》

【注释】①童：通"同"。②倚：直立。③趣：快步行走。④庖牺氏：也称"伏羲氏"或"牺皇"，神话中的人类始祖，相传他和女娲氏兄妹相婚而产生人类。⑤女娲氏：神话中的人类始祖，曾用黄土造人，并炼五色石补天。⑥神农氏：传说是农业和医药的发明者，曾经尝百草，教人治病。⑦夏后氏：禹，姓姒，建立夏朝，所以称禹为"夏后氏"。⑧夏桀：名履癸，夏朝末代君主，是著名的暴君。⑨殷纣：即帝辛，名受，商朝末代君主，著名的暴君。⑩鲁桓：即鲁桓公，名子允，春秋时鲁国国君。谋杀他的兄长鲁隐公而登上王位。⑪楚穆：即楚穆王，名商臣，春秋时楚国国君，逼死他的父亲楚成王而登上王位。⑫几：通"冀"，希望，期待。

【译文】形貌不必相同，而心智相同；心智不必相同，而形貌相同。圣人选取心智相同而遗弃形貌相同，世人却接近形貌相同而疏远心智相同。形貌和自己相同的，就亲近并且喜爱他；形貌与自己相异的，就疏远并且畏惧他。凡有七尺高的形骸，手脚的功能不相同，头上生发，口中有牙，能直立行走的，就叫作人；但人不一定没有禽兽之心。虽有禽兽之心，但因为形貌相同而被亲近了。身上附有翅膀，头上长触角，张牙舞爪，高高地飞翔或在地面俯伏奔走的，就叫作禽兽；但禽兽不一定没有人心。虽然有人心，但因为形貌不相同而被疏远了。庖牺氏、女娲氏、神农氏、夏后氏，长着蛇身人面，牛头虎鼻。他们有着不同于人的形貌，却具有大圣贤的品德。夏桀、殷纣、鲁桓公、楚穆公，他们的形貌七窍都与人相同，但却怀着禽兽之心。世人固守着同一形貌标准去寻求最高智慧的人，是没有希望找到的。

觉有八征，梦有六候。奚谓八征？一曰故，二曰为，三曰得，四曰丧，五曰哀，六曰乐，七曰生，八曰死。此者八征，形所接也。奚谓六候？一曰正梦，二曰噩梦[①]，三曰思梦，四曰寤梦，五曰喜梦，六曰惧梦。此六者，神所交也。不识感变之所起者，事至则惑其所由然；识感变之所起者，事至则知其所由然。知其所由然，则无所怛[②]。一体之盈虚消息，皆通于天地，应于物类。故阴气壮，则梦涉大水而恐惧；阳气壮，则梦涉大火而燔[③]爇[④]；阴阳俱壮，则梦生杀。甚饱则梦与，甚饥则梦取。是以以浮虚为疾者，则梦扬；以沉实为疾者，则梦溺。藉带而寝，则梦蛇，飞鸟衔发，则梦飞。将阴梦火，将疾梦食。饮酒者忧，歌舞者哭。子列子曰："神遇为梦，形接为事。故昼想夜梦，神形所遇。故神凝者想梦自消。信觉不语，信梦不达，物化之往来者也。古之真人，其觉自忘，其寝不梦，几虚语哉？”

——《列子·周穆王》

【注释】①噩(è)梦：凶恶惊人的梦。②怛(dá)：恐惧，惊疑。③燔(fán)：烧。④爇(ruò)：烧灼。

【译文】觉醒时有八种状况，睡梦中有六种占验。什么叫作八种状况？一是事故，二是作为，三是获得，四是丧失，五是悲哀，六是欢乐，七是生存，八是死亡。这就是八种状况，是形体与外界接触所产生的。什么叫作六种占验？一是因为日常生活而做梦，二是受到惊悸而做梦，三是心有所思而做梦，四是醒来依旧出神而做梦，五是喜乐欢愉而做梦，六是心生恐怖而做梦。这六种预言，是精神与外界交感所产生的。不了解感应变化的起源，事情一旦发生就会对它的由来感到迷惑；了解了感应变化的起源，事情一旦发生就能够明白它的由来。理解了事情的由来，就不会再惊扰恐惧了。人体的充盈或亏虚，消长或停息，都与天地相通，与外界事物相应。因此阴气旺盛，就会梦见涉足大水而感到恐惧；阳气旺盛，就会梦见徒步大火而被烧灼；阴阳之气都旺盛，就会梦见生死相杀。吃得过饱就会梦见付出给予，肚子饥饿就会梦见索取掠夺。所以，脉象虚浮的病人会梦到自己飞扬，脉象沉实的病人会梦到自己溺水。压着衣带睡觉，就会梦见蛇；飞鸟来衔头发，就会梦见飞翔。气血要转为阴冷就会梦见烤火，即将生病就会梦见进食。饮酒的人会做忧愁的梦，欢歌纵舞的人会做哭泣的梦。列子说：“精神遭遇外界就形成梦，形体与万物交接就会产生事情。所以日有所思，夜有所梦，是精神、形体与外界接触的结果。所以精神凝聚平静的人,空想与幻梦都会自然消失。真正的觉醒无须用言语表达,真正的梦幻无法以常情通晓,都只是万物自然交互变化的境地。古时候的真人,觉醒时忘却了自身的存在,睡眠时不受梦境的干扰,这难道是空话吗?”